U0438230

金石文獻叢刊

希古樓金石萃編

劉承幹 撰

上海古籍出版社

圖書在版編目(CIP)數據

希古樓金石萃編 / 劉承幹撰 . — 上海：上海古籍出版社，2020.5
(金石文獻叢刊)
ISBN 978-7-5325-9533-4

Ⅰ.①希… Ⅱ.①劉… Ⅲ.①金石—文獻—匯編—中國 Ⅳ.① K877.2

中國版本圖書館 CIP 數據核字(2020)第 054013 號

金石文獻叢刊

希古樓金石萃編

劉承幹　撰

上海古籍出版社出版發行

(上海瑞金二路 272 號　郵政編碼 200020)

(1)網址：www.guji.com.cn

(2)E-mail：guji1@guji.com.cn

(3)易文網網址：www.ewen.co

浙江新華數碼印務有限公司印刷

開本 890×1240　1/32　印張 20.25　插頁 5

2020 年 5 月第 1 版　2020 年 5 月第 1 次印刷

ISBN 978-7-5325-9533-4

K·2805　定價：98.00 元

出版説明

金文石刻作爲一種特殊的文獻形式，負載着中國古代文明的大量信息，是珍貴的文化遺産，其相關研究具有重要文化價值與傳承意義。金石專門研究興起於宋，而在清代達到鼎盛，名家迭出，先後撰寫了一批高水平的研究專著，其成果對於今天我們的歷史學、文學、文字學、考古學、古文獻學、古器物鑒定學、書法篆刻學等研究具有重要的參考價值。有鑒於此，本社特推出《金石文獻叢刊》，彙聚兩宋以降金石學重要著作，以期助益於相關研究。

本書爲《金石文獻叢刊》之一，收録劉承幹撰《希古樓金石萃編》十卷，以民國間吴興劉氏希古樓刻本爲底本影印。

上海古籍出版社　二〇二〇年四月

石刻文獻歷代研究述要（代序）

陳尚君

「人生忽如寄，壽無金石固。」古人感到生命短暫，常將重要的事件、著作和死者的生平銘諸金石，形成豐富的金石文獻。一般來説，金銀器上的銘文均較簡短，銅器銘文盛於商周時期，漢以後可資研究的僅有銅鏡銘文等。石刻文獻則興於漢，盛於唐，歷宋、元、明、清而不衰，存世文獻爲數極巨，爲研究古代歷史文化提供了大量記載，也爲研究古典文學者所寶重。

一、古代石刻的分類

古代石刻品類衆多，舉其大端，可分以下幾類：

一、墓志銘。多爲正方形石刻，置於死者墓穴中，記載死者生平事蹟。始於漢，盛於北朝和隋唐時期，宋以後仍相沿成習。南朝禁止埋銘，故甚罕見。近代以來，出土尤多。因深埋地下，所存文字多清晰而完整。

二、墓碑。也稱神道碑，是置於墓道前記載死者生平事蹟的長方形巨大石碑。舊時王公大臣方得立碑記德，故所載多爲歷史上有影響的人物。因其突立於地表，歷經日曬雨淋，人爲破壞，石刻多斷裂殘壞，磨蝕漫漶，不易卒讀。

三、刻經。可分儒、釋兩大類。儒家經典的刊刻多由官方主持，爲士人提供準確可信的經典文本。歷史上有七次大規模的刻經，即東漢熹平間、曹魏正始間、唐開成間、後蜀廣政間、北宋嘉祐間、南宋紹興間、清乾隆間。今僅開成、乾隆石經保存完整，其餘僅存殘石。佛教刻經又可分爲兩類：一類是僧人恐遭逢法難，經籍失傳，因而刻石收存，以備不虞。最著名的是房山石經，始於隋，歷唐、遼、金、元而不衰，現存有一萬五千多石。二是刻經以求福祐，如唐代經幢刻《尊勝陀羅尼經》，爲一時風氣。

四、造像記。佛教最多，道教稍少。受佛教净土宗佛陀信仰的影響，信佛的士庶僧人多喜造佛像以積功德，大者連山開龕，小者可握於掌間。造像記記載造像緣由，一般均較簡短，僅記時間、像主姓名及所求之福祐庇蔭，文辭多較程式，可藉以瞭解風俗世情，有文學價值的很少。

五、題名。即是古人「到此一游」的記録。多存於山川名勝，多出於名臣、文士之手，雖較簡短，於考事究文，彌足珍貴。如長安慈恩寺題名：「韓愈退之、李翺翔之、孟郊東野、柳宗元子厚、石洪濬川同。」鍾山題名：「乾道乙酉七月四日，笠澤陸務觀，冒大雨，獨游定林。」均至簡，前者可考知韓、柳交游之始，知李翺另一表字，後者可見詩人陸游之風神。

六、詩詞。唐以前僅一二見,以雲峰山鄭道昭詩刻最著名。唐代始盛,宋以後尤多。詩詞刻石以摩崖和詩碑兩種形式爲多見。許多重要作家都有石刻詩詞留存。

七、雜刻。指上述六類以外的各種石刻。凡建橋立廟、興學建祠、勸善頌德、序事記游等,皆可立石以記,所涉範圍至廣。

此外,還有石刻叢帖,爲彙聚名家法書上石,供人觀賞臨習,其文獻價值與上述各種石刻有所不同,兹不贅述。

二、從石刻到拓本、帖本

石刻爲古人當時所刻,所記爲當時事,史料價值很高;所録文章亦得存原貌,不似刊本之迭經傳刻,多魚魯亥豕之誤,故前代學者考史論文,尤重石刻。然而石刻或依山摩崖,遠處荒山僻野,或形制巨大,散在各地,即便最優秀的金石學家,也不可能全部親見原石。學者援據,主要是石刻拓本。

拓本是由拓工將宣紙受濕後,蒙於碑刻之上,加以捶椎,使宣紙呈凹凸狀,再蘸墨拓成。同一石刻之拓本,因傳拓時間之早晚及拓技之精粗,常有很大不同。一般來説,早期拓本因石刻保存完好,文字存留較多,晚近所拓,則因石刻剥蝕,存字較少。如昭陵諸碑，今存碑石存字已無多，遠不及《金石萃編》之録文，而羅振玉《昭陵碑録》據早期精拓録文，録文得增多於《金石萃編》。即使同一時期所拓，也常因拓工之拓技與態度而有所不同。如永州浯溪所存唐李諒《湘中紀行》詩，王昶據書賈售拓録入《金石萃編》，有十餘處缺文訛誤；稍後瞿中溶親至浯溪，督工精拓，乃精好無損（詳《古泉山館金石文編》卷三）。至於帖賈爲牟利而或草率摩拓，或僅拓一部分，甚或竄改文字，以唐宋冒魏晋，則更等而下之了。

拓本均存碑石原狀，大者可長丈餘，寬數尺，鋪展盈屋，不便研習。舊時藏家爲便臨習，將拓本逐行剪開，重加裱帖，裝成册頁，成爲帖本。帖本經剪接重拼，便於閲讀臨摹，已不存原碑形貌。在拼帖時，遇原拓空缺或殘損處，常剪去不取，以致帖本文字常不可卒讀。原石、原拓失傳，僅靠拓本保存至今的石刻文獻，不是太多，較著名的有唐代崔鉉撰文而由柳公權書寫的《神策軍碑》。唐初著名的《信行禪師碑》，因剪棄較多，通篇難以卒讀。

現存最早的石刻拓本，大約是見於敦煌遺書中的唐太宗《温泉銘》和歐陽詢《化度寺碑》。宋以後各種善拓、精拓本，因流布不廣，傳本又少，藏家視同拱璧，書賈索價高昂。近現代影印技術普及，使碑帖得以大批刊布，許多稀見的拓本，得以大批縮印彙編出版，給學者極大方便。影響較大者有《漢魏南北朝墓志集釋》（趙萬里編，科學出版社一九五三年版）、《千唐志齋藏志》（張鈁藏，文物出版社一九八五年版）、《曲石精廬藏唐墓志》（李希泌藏，齊魯書社一九八七年版）、《北京圖書館藏歷代石刻拓本彙編》（中州古籍出版社一九八八年版）、《隋唐五代墓志彙編》（天津古籍書店一九九一年版）。重要的石刻拓本，在上述諸書中均能找到。

三、宋代的石刻研究及重要著作

南北朝至唐代，已有學者注意記載碑刻，據以訂史證文，但有系統地加以搜集研究，使之成爲專學，則始於宋代。首倡者爲北宋文學宗匠歐陽修。

歐陽修自宋仁宗慶曆五年（一〇四五）開始裒聚金石拓本，歷十八年，「集録三代以來遺文一千卷」（《六一居士傳》），編爲《集古録》，其中秦漢至唐五代的石刻約占全書的十之九五。參政之暇，歐陽修爲其中三百八十多篇碑銘寫了跋尾，對石刻文獻的史料價值作了全面的闡釋。其大端爲：一、可見政事之修廢；二、可訂史書之闕失；三、可觀書體之妍醜；四、可見文風之轉變；五、可訂詩文傳本之訛誤；六、可據以輯録遺文。這些見解，可説爲後代金石學的研究奠定了基礎。録一則如下：

右《德州長壽寺舍利碑》，不著書撰人名氏。碑，武德中建，而所述乃隋事也。其事蹟文辭皆無取，獨録其書爾。余屢歎文章至陳、隋不勝其弊，而怪唐家能臻致治之盛，而不能遽革文弊，以謂積習成俗，難於驟變。及讀斯碑有云：「浮雲共嶺松張蓋，明月與巖桂分叢。」乃知王勃云：「落霞與孤鶩齊飛，秋水共長天一色。」當時士無賢愚，以爲警絶，豈非其餘習乎！

《集古録》原書已不傳。歐陽修的題跋編爲《集古録跋尾》十卷，收入其文集，單行本或題《六一題跋》。其子歐陽棐有《集古録目》，爲逐卷撰寫提要，原書久佚，今存清人黄本驥和繆荃蓀的兩種輯本。

北宋末趙明誠輯《金石録》三十卷，沿歐陽修之舊規而有出藍之色。明誠出身顯宦，又得賢妻之助，窮二十年之力，所得達二千卷之富，倍於歐陽修所藏。其書前十卷爲目録，逐篇著録二千卷金石拓本之篇題、撰書者姓名及年月，其中唐以前五百餘品，其餘均爲唐代石刻。後二十卷爲明誠所撰題跋，凡五百零二篇。趙跋不同於歐陽修之好發議論，更注重於考訂史實，糾正前賢和典籍中的誤説，録存重要史料，考訂也更爲細密周詳。

南宋治石刻學者甚衆，如《京兆金石録》《復齋碑録》《天下碑録》《諸道石刻録》

等，頗具規模，惜均不存。存世者以下列諸書最爲重要。

洪适《隸釋》二十七卷、《隸續》二十一卷，前者録漢魏碑碣一百八十九種，後者已殘，尚存録一百二十餘品。二書均全録碑碣文字，加以考釋，保存了大量漢代文獻，許多碑文僅賴此二書以存。

陳思《寶刻叢編》二十卷，傳本缺三卷。此書彙録兩宋十餘家石刻專書，分地域著録石刻，附存題跋，保存史料十分豐富。

佚名《寶刻類編》八卷，清人輯自《永樂大典》。此書以時代爲序，以書篆者立目，記録石刻篇名、作者、年代及所在地，間存他書不見之石刻。

另鄭樵《通志》中有《金石略》一卷，王象之《輿地紀勝》於每一州府下均有《碑記》一門，也有大量珍貴的記録。後者明人曾輯出單行，題作《輿地碑記目》。

宋人去唐未遠，搜羅又勤，所得漢唐石刻見於上述各書記載的約有四五千品。歐、趙諸人已有聚之難而散之易之感歎，趙明誠當南奔之際仍盡攜而行，但除漢碑文字因洪适輯録而得保存較多外，唐人石刻存留到後世的僅約十之二三，十之七八已失傳。幸賴上述諸書的記載，使今人能略知其一二，其中有裨文學研究的記載至爲豐富。如唐末詞人温庭筠的卒年，史書不載。《寶刻類編》載有：「《唐國子助教温庭筠墓》，弟庭皓撰，咸通七年。」因可據以論定。再如盛唐文學家李邕，當時極負文名，《全唐文》録其文僅五十餘篇。據上述宋人記載，可考知其所撰文三十餘篇之篇名及梗概，對研究其一生的文學活動十分重要。

四、清代的石刻研究及重要著作

元、明兩代是石刻研究的中衰時期，可稱者僅有三五種：陶宗儀輯《古刻叢鈔》僅録所見，篇幅不大；都穆《金薤琳琅》，録存漢唐石刻五十多種；趙崡《石墨鐫華》存二百五十多種石刻題跋，「多歐、趙所未收者」（《四庫提要》）。

清代經史之學發達，石刻研究也盛極一時。清初重要的著作有顧炎武《金石文字記》、葉奕苞《金石録補》、朱彝尊《金石文字跋尾》。三書雖仍沿歐、趙舊規，但所録多前人未經見者，考訂亦時有創獲。至乾隆間，因樸學之興，學者日益重視石刻文獻，史學大家如錢大昕、阮元、畢沅等均有石刻研究專著。全録石刻文字的專著也日見刊布，自乾隆後期至嘉慶初的十多年間，即有翁方綱《兩漢金石記》《粤東金石略》、吴玉搢《金石存》、趙紹祖《金石文鈔》《續鈔》等十餘種專著行世。在這種風氣下，王昶於嘉慶十年（一八〇五）編成堪稱清代金石學集大成的著作《金石萃編》一百六十卷。

王昶自稱有感於洪适、都穆、吴玉搢三書存文太少，「愛博者頗以爲憾」，自弱冠之年起，「前後垂五十年」，始得成編。其書兼載金、石，但録自器銘者僅當全書百之二三，其餘均爲石刻。所録始於周宣王時的《石鼓文》，迄於金代，凡一千五百多種。其中漢代十八卷，魏晋南北朝十五卷，隋代三卷，唐五代八十二卷，宋代三十卷，遼金七卷。各種石刻無論完殘，均照録原文，務求忠實準確。遇有篆、隸字體，或照録原字形。原石殘缺之處，或以方框標識，或備記所缺字數，遇殘字也予保存。又備載「碑制之長短寬博」和「行字之數」，「使讀者一展卷而宛見古物焉」（引文均見《金石萃編序》）。同時，王昶又廣搜宋代以來學者的著録題跋，附載於各石刻録文之次，其本人也逐篇撰寫考按，附於篇末。《金石萃編》搜羅廣博，録文忠實，附存文獻豐富，代表了乾嘉時期石刻研究的最高水平。

王昶以個人力量廣搜石刻，難免有所遺漏，其録文多據得見之拓本，未必盡善。其書刊布後，大受學界歡迎，爲其續補訂正之著，也陸續行世，較重要的有陸耀遹《金石續編》二十一卷、王言《金石萃編補遺》二卷等。至光緒初年，陸增祥撰成《八瓊室金石補正》一百三十卷，規模與學術質量均堪與王書齊駕。陸書體例多沿王書，凡王書已録之石刻，不復重録。王書録文不全或有誤者，陸氏援據善拓，加以補訂，一般僅録補文。這部分份量較大，因陸氏多見善拓，録文精審，對王書的糾訂多可信從。此外，陸書補録王書未收的石刻也多達二千餘通。

清代學者肆力於地方石刻的搜録整理，也有可觀的成績。録一省石刻而爲世所稱者，有阮元《山左金石志》二十四卷（山東）、《兩浙金石志》十八卷（浙江）、謝啓崑《粤西金石略》十五卷（廣西）、胡聘之《山右石刻叢編》四十卷（山西）、劉喜海《金石苑》六卷（四川）等。録一州一縣石刻而重要者有武億《安陽縣金石録》十二卷、沈濤《常山貞石志》二十四卷、陸心源《吴興金石記》十六卷等。

五、近現代的石刻文獻要籍

近代以來，因學術風氣的轉變，漢唐石刻研究不及清代之盛。由於各地大規模的基建工程和現代科學田野考古的實施，地下出土石刻的總數已大大超越清代以前八百年間發現的石刻數量。大批石刻得以彙集出版，給學者以方便。

端方《匋齋藏石記》四十四卷，是清季最有份量的專著。端方其人雖多有争議，但該書收羅宏富，題跋又多出李詳、繆荃蓀等名家之手，頗多精見。另一位大節可議的學者羅振玉，於古代文獻的搜集刊布尤多建樹。其石刻方面的專著多達二十餘種，《昭陵碑録》和《冢墓遺文》（包括《芒洛》《廣陵》《東都》《山左》《襄陽》等十多種）以録文精確、收羅宏富而爲世所稱。

二十世紀三十年代，由於隴海路的施工，洛陽北邙一帶出土魏、唐墓志尤衆。其大宗石刻分别爲于右任鴛鴦七志齋、張鈁千唐志齋和李根源曲石精廬收存。于氏所收以北魏志石爲主，今存西安碑林，張、李以唐代爲主。其中張氏所得達一千二百多方，原石存其故里河南新安鐵門鎮，民國間曾以拓本售於各高校及研究機構，近年已影印行世。其中對唐代文學研究有關係者頗衆。曲石所得僅九十多方，但多精品，王之涣墓志最爲著名，今存南京博物院。

民國間由於各省組織學者編纂省志，也連帶完成了一批石刻專著。其中曾單獨刊行而流通較廣者，有《江蘇金石志》二十四卷、《陝西金石志》三十二卷、《安徽通志金石古物考稿》十六卷，頗多可觀。

二十世紀五十年代，趙萬里輯《漢魏南北朝墓志集釋》，收漢至隋代墓志六百五十九方，均據善拓影印，又附歷代學者對這些墓志的考釋文字，編纂方法上較前人所著有很大進步，是研究唐前歷史、文學的重要參考書。

二十世紀最後二十年間，學術研究空前繁榮，前述自宋以降的許多著作都曾影印或整理出版。今人纂輯的著作，以下列幾種最爲重要。

《北京圖書館藏歷代石刻拓本彙編》，收録了北圖五十年代以前入藏的所有石刻拓本，全部影印，甚便讀者。不足處是一些大碑拓本縮印後，文字多不易辨識。

陳垣《道家金石略》，收録漢至元代與道教有關的石刻文字，於宋元道教研究尤爲有用。

周紹良主編《唐代墓志彙編》及《續集》，收録一九九九年以前出土或發表的唐代墓志逾五千方，其中四分之三爲《全唐文》等書所失收，可視作唐文的補編。

趙超編《漢魏南北朝墓志彙編》，據前述趙萬里書録文，但不收隋志，補收了一九八六年以前的大量新出石刻。

《隋唐五代墓志彙編》，據出土地區影印墓志拓本約五千方，以洛陽爲最多，約占全書之半，陝西、河南、山西、北京等地次之。其中包括了大批近四十年間新出土的墓志，不見於上述各書者逾一千五百方。

進入新世紀，石刻文獻研究成爲中古文史研究之顯學，更多學者關注石刻之當時書寫與私人書寫之特殊價值，成爲敦煌文獻研究以後有一學術熱點。同時，新見文獻尤以墓志爲大宗，每年的刊布數也以幾百至上千方的數量增長。其中最重要的，一是《新中國出土墓志》，已出版十多輯，爲會聚各地文物部門所藏者爲主；二是《大唐西市博物館藏唐墓志》，所收皆館藏，整理則延請史學界學者；三是《长安高陽原新出土隋唐墓志》，將考古報告與新見墓志結合，最見嚴謹。其他搜輯石刻或拓本的尚有十多家，所得豐富則可提到趙君平的《秦晋豫新發現墓志搜逸》三編，毛陽光的《洛陽新見流散墓志彙編》，以及齊運通洛陽九朝石刻博物館編的幾種專書。還應説到的是，日本學者氣賀澤保規編《唐代墓志所在總合目録》，不到二十年已經出版四版，爲唐代墓志利用提供極大的方便。陝西社科院古籍所編《全唐文補遺》十册，所據主要是石刻，校點尚屬認真。

上海古籍出版社編刊《金石文獻叢刊》，主要收録宋、清兩代有關金石學的基本著作，本文前所介紹諸書，大多得以收録。如王昶《金石萃編》，將清後期的幾種補訂專書彙集在一起，陸增祥《八瓊石金石補正》之正續編合爲一帙，也便於讀者全面瞭解這位傑出金石學家的整體成就。書將付刊，胡文波君囑序於我，是不能辭。然時疫方熾，出行不便，未能通讀全編，率爾操觚，總難塞責。乃思此編爲彙聚宋、清兩代金石學之菁華，爲滿足當代以中古文史學者爲主之石刻文獻研究之急需，或可將二十四年前爲當時還是江蘇古籍出版社的《古典文學知識》所撰小文《石刻文獻述要》稍作潤飾增補，用爲代序，敬請方家諒宥。

目録

希古樓金石萃編卷三……一五一
金　彝器款識三
鬲

甗

敦

希古樓金石萃編卷四……二二九

金 彝器款識四

彝

簋

希古樓金石萃編卷六……三二三

石一

漢碑刻

希古樓金石萃編卷七……三七七

石二

漢碑刻

希古樓金石萃編十卷目錄一卷

曹廣楨題

吳興劉氏
希古樓刊

希古樓金石萃編目錄卷一

卷一 金一 鐘二十 附句鑃鉦鐸各一

者□鐘

⿰虘攵鐘

克鐘一

克鐘二

克鐘三

子璋鐘一

子璋鐘二

伐⿰余阝鐘

邾公牼鐘一

邾公牼鐘二

卷二　金二　鼎八十六

作寶鼎一

作寶鼎二

作寶鼎三

作寶鼎四

作寶彝鼎

白鼎一

白鼎二

白鼎三

樂鼎

寰鼎

㲋白鼎

雝白原鼎

辛中姬鼎

鄭虢中鼎

㲋白□鼎

㴱白友鼎

□□宰鼎

郙白作孟妊鼎

郙白鼎

舍父鼎

瑟姬作姜虎鬲

王白姜鬲

白上父作姜氏鬲

吕王鬲

邾來隹鬲

右戲中□父鬲

魯白愈父鬲一

魯白愈父鬲二

魯白愈父鬲三

史頌鬲

遹甗
作寶敦
□敦
白敦一
白敦二
叔□敦
□白敦
季𡱒敦
□緗敦
𤎩姬敦

齊侯敨二
王𩣡□敨
散白作夨姬敨
倗白□敨
仌中敨蓋
白家父作孟姜敨
師㫚父敨
太僕作父己敨
季□父敨
乙公敨

辰在寅敦

中殷父敦一

中殷父敦二

德克敦

聳孟媿敦

吳彩父敦一

吳彩父敦二

叔□父敦一

叔□父敦二

鄭虢仲敦一

鄭虢仲敦二

奠同敦

宗婦敦

𥅿敦

仲𪓏父敦

□叔買敦

同敦一

同敦二

伊敦

大敦蓋

君妻子彝

用彝

叔彝

霸姞彝

伊生彝

宂彝

齊君□簠

曾子遬簠

白扸父簠

白矩簠

鑄公簠二

番君召簠

曾侯作叔姬簠

中義父簋一

中義父簋二

鄭𦉢叔簋

白多父簋

中𠑋口簋

筍白大父簋

鑄子叔黑頣簋

作寶尊

□作尊

雁公尊

卿尊

□□尊

白矩尊一

白矩尊二

呂中僕尊

魯侯尊

能匋尊

□□觚

聿觶

戈觶

癸觶

女□觶

小臣單觶

□斝

子形鉞形斝

□乙斝

作婦姑斝

召樂父匜

□叔黑臣匜

杞白匜

魯白愈父匜

□白匜

叔高父匜

□中艾匜

白者君匜

曩甫人匜

□□□匜

堇生匜
夆叔匜
虢叔盂

希古樓金石萃編目錄卷一

希古樓金石萃編目録卷二

卷六　石一　漢碑刻十五

卷七　石二　漢碑刻二十五

希古樓金石萃編目錄卷二

希古樓金石萃編卷一

吳興劉承幹撰

金　彝器款識一

鐘

奐鐘

亞形中奐

南陵徐積餘觀察乃昌藏

戲編鐘

□□ 好宗
□□ 戲眾
□□ 大姬

日照丁紱臣太守麐年移林館藏□字不可識吳愙齋中丞大澂愙齋集古錄載陳氏虘鐘釋作尨然字實从大非从犬也殷虛卜辭中有□字見鐵雲藏龜第二百五十一葉或作□見殷虛書契卷五作□書契卷七與此殆是一字特文有繁簡增省耳

猶編鐘

福無疆猶

其萬

年子

孫永寶

吳縣吳氏窓齋藏後歸武進費畮懷編修念慈猶从犬从背不見許書後世諸字書亦不載知文字之古有而今佚者爲不少也或曰猶即髮字

余義編鐘

是言

追孝

樂我

父兄

口言

孫二口之

吳縣潘文勤公滂喜齋藏文多不可辨以楚余義鐘銘考之知即余義編鐘也然余義鐘末云追孝侃且樂我父兄飲飤訶舞孫二用之後民是語凡二十言此鐘則追孝下似無容侃且二字地位餘字多漫滅亦有未合豈文字有增省耶

用樂嘉賓編鐘

舍武子

戎工霝口

用樂嘉賓父

兄大夫朋友

丹徒劉鐵雲觀察食舊齋藏戎工之工半漫没似作攻需下一字不可辨兄从𡉈與叔家父簠子璋鐘沇兒鐘同然殷虛文字及商句兵兄字皆作[illegible]作[illegible]知从𡉈者乃古文之後起者也

兮仲鐘

用追孝于皇考己

白　喜

前文人子

孫永寶用亯

兮仲作大鏄鐘其

用追孝于皇考己

白　喜

前文人子

孫永寶用亯

吳子苾閣學式芬　攈古錄箸錄兮仲鐘四又編鐘

一而不及此是傳世兮仲鐘凡六器

者減鐘

隹□月初吉丁亥工支

王子黛之子

者減自□鐘

□廿子二二永保用

丹徒劉氏食舊齋藏

鄀公鐘

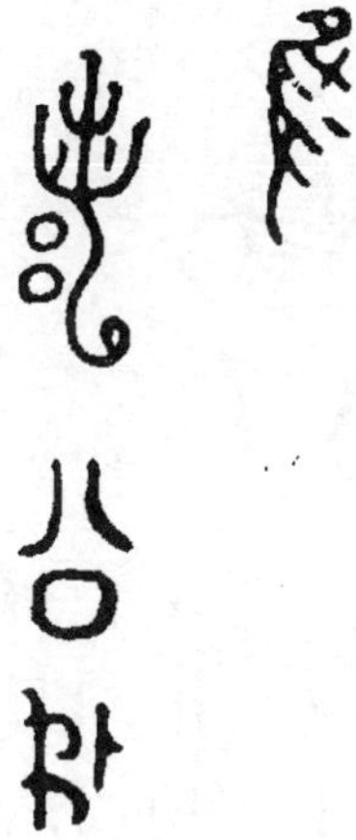

隹

鄀公□

□□□□

皇祖□公

皇考辰公

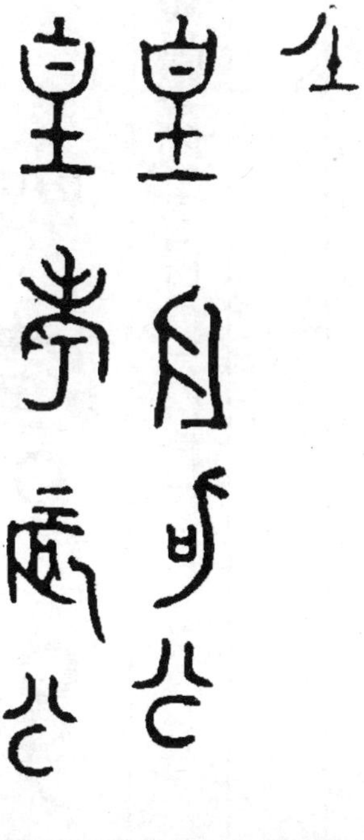

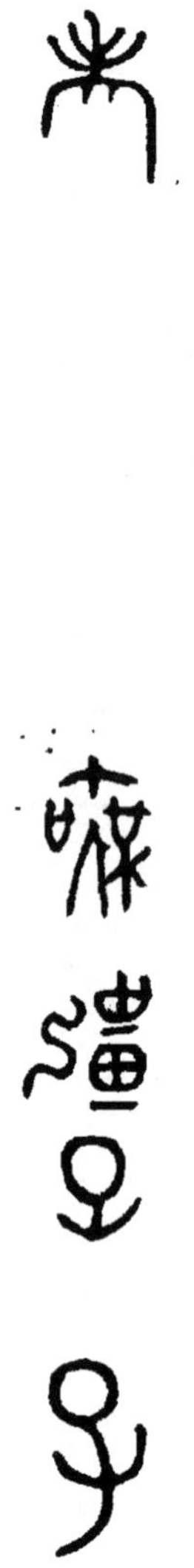

□□壽□□無疆孫子□□□□

常熟周氏藏器

者□鐘

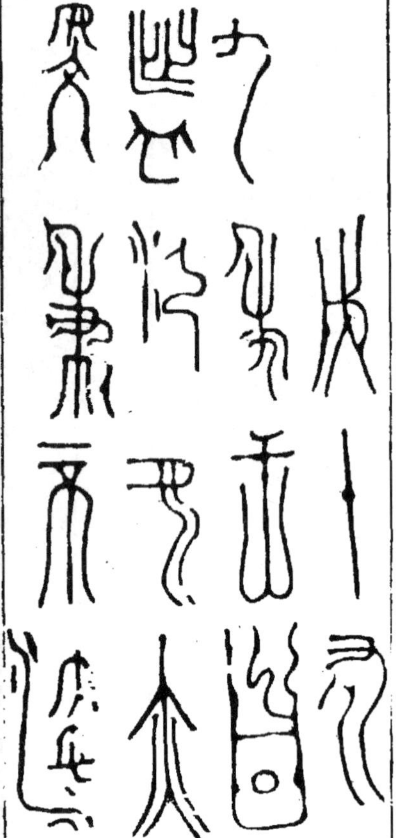

□戊十有
九年王曰
者氵□亦
虘秉不氵

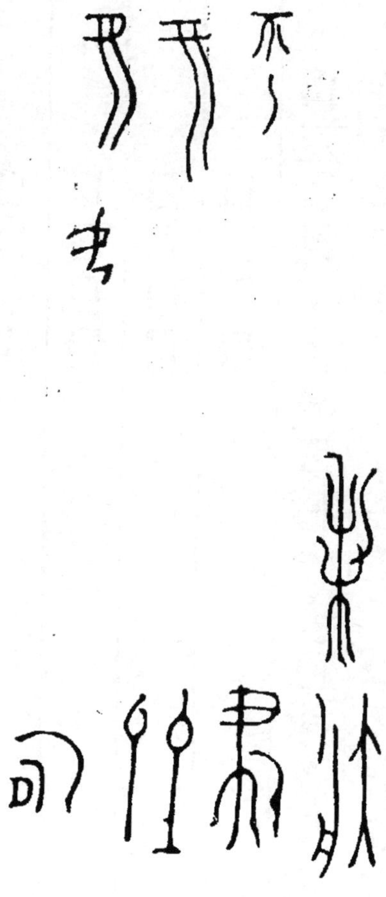

□□□疾

□□□□

□□□□

□□□□

山左黃縣丁氏藏器傳世者□鐘及編鐘凡三品吳中丞愙齋集古錄箸錄二器其簠齋所藏者已歸海東矣吳中丞釋丮爲女未確

䖒鐘

隹正月初吉丁亥

䖒作寶鐘用追

孝于己

白用言

大宗用

濼好宗

虘眔友

姬永寶用

卲大宗

陳氏簠齋所藏十鐘中虘鐘凡二器一三十五言文與此同一二十五言攈古錄稱䖒伯鐘者是也二鐘今已至海東其存我國者僅此一器十年前見之都市今不知在何許矣陳氏藏器獻作虘䖒伯鐘作獻用樂好宗作用樂好賓而此鐘及丁氏所藏編鐘僅六字則均作宗上句爲用亯大宗則下句自應是用樂好賓而兩器作好宗者字之譌也樂字借濼爲之从彔上虞羅叔言參事振玉殷虛書契考釋載殷虛卜辭中樂字三見皆从𢆶从木謂是从絲附木上是禮樂爲初義宴樂則引申之義

也

克鐘一

隹十有六年九月初吉

庚寅王在周康剌宮王

乎士曶召克王親命克

遹涇東至于京

㠯錫克甸車馬

古人造鐘多以正月丁亥若王孫鐘𠤳鐘邵鐘公孫

班鐘沇兒鐘子璋鐘文作正十月不可通疑仍是正月也皆然次則正

月乙亥若邾公華鐘邾公牼鐘是或雖不明著丁亥

乙亥仍在正月若余義鐘作隹正月初吉是或不在

正月亦用丁亥若齊鎛隹王五月初吉丁亥是句鑃

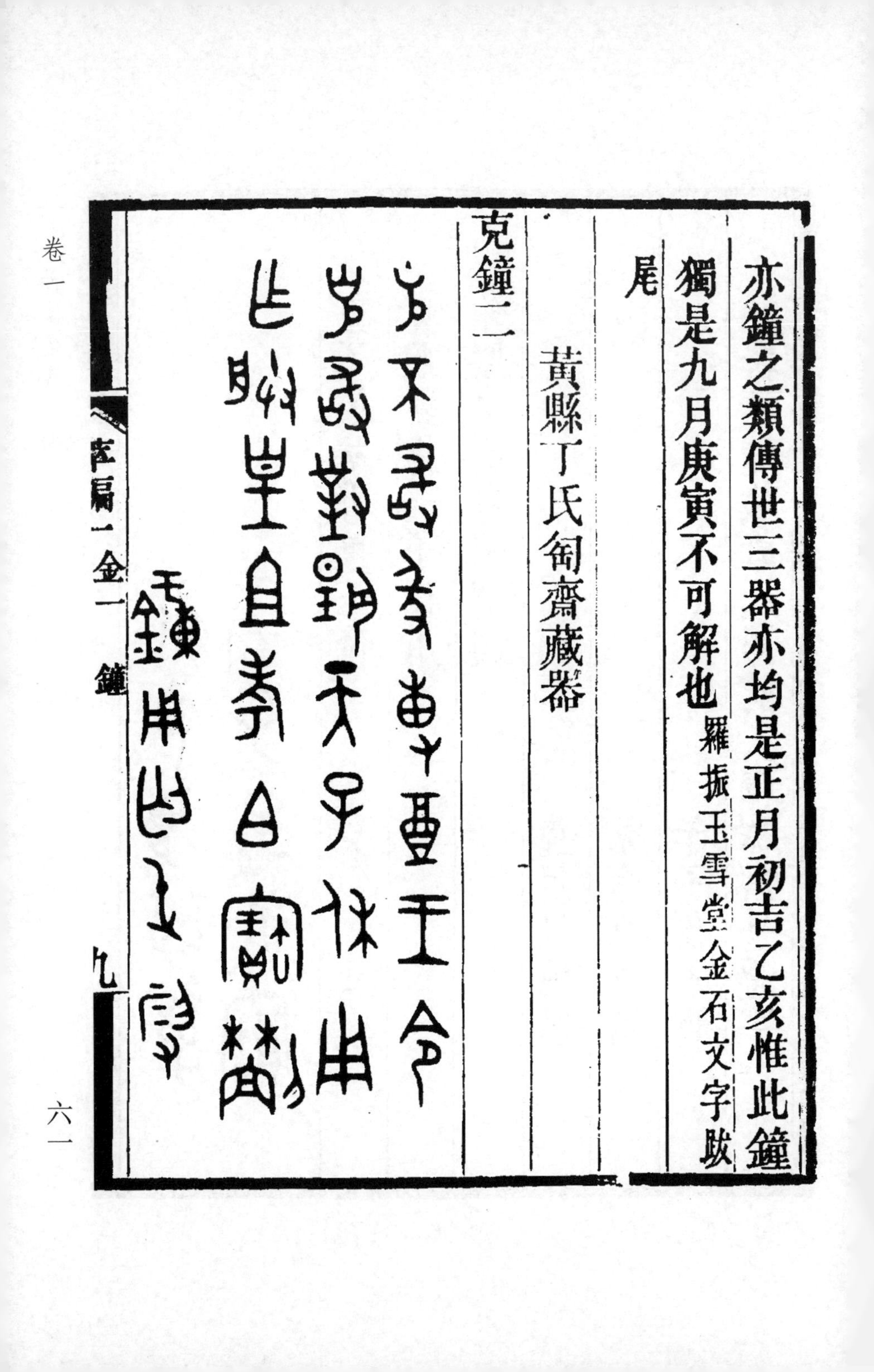

亦鐘之類傳世三器亦均是正月初吉乙亥惟此鐘獨是九月庚寅不可解也　羅振玉雪堂金石文字跋尾

黃縣丁氏匋齋藏器

克鐘二

克不敢彖尃奠王命
克敢對揚天子休用
作朕皇祖考伯寶鏄
鐘用匃純叚
一永命克其萬
年子孫一永寶

此器不知藏誰氏處前人釋林當是鏄字

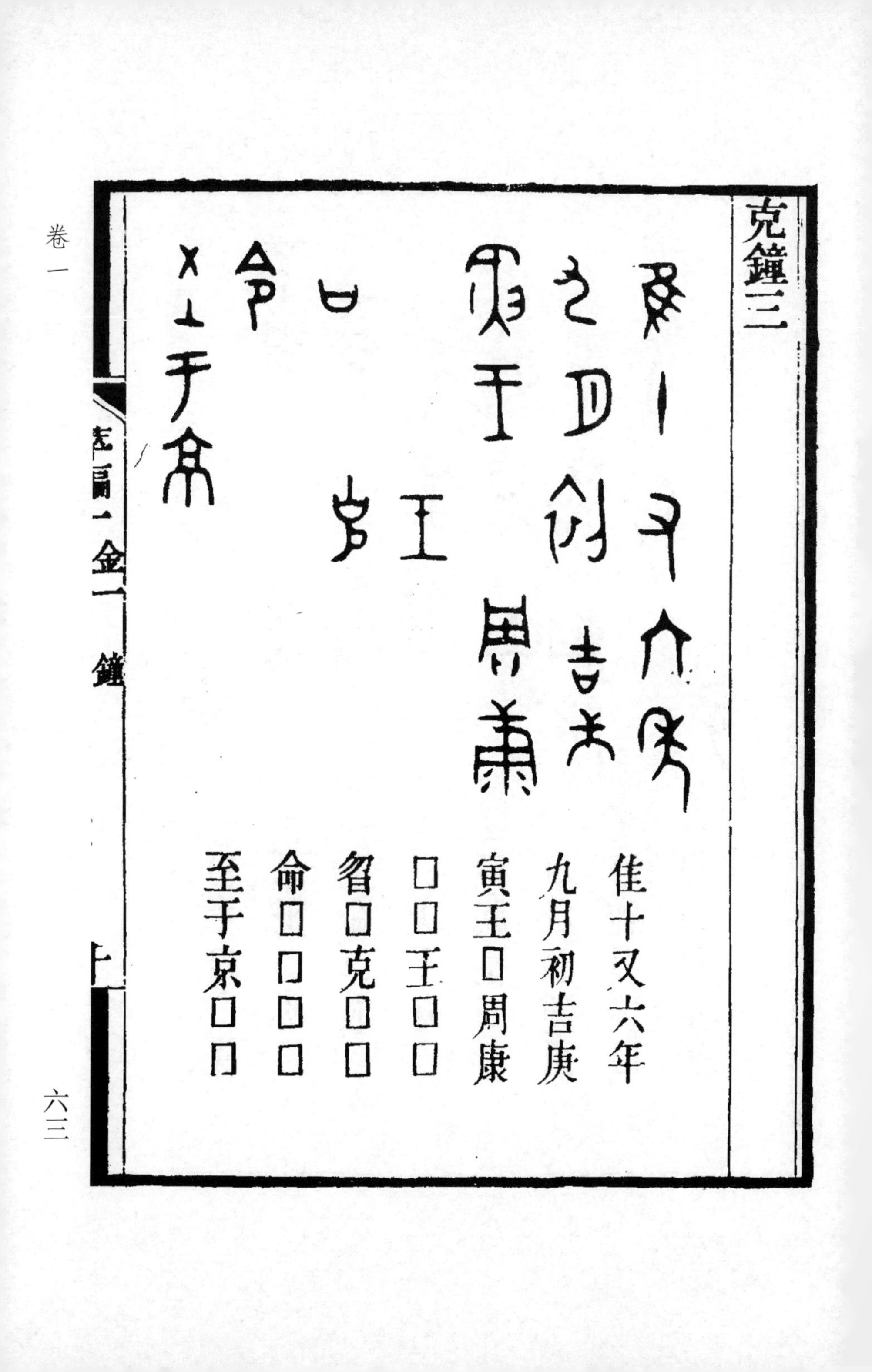

克鐘三

隹十又六年
九月初吉庚
寅王□周康
□□王□□
詔□克□□
命□□□□
至于京□□

□車□□克
不敢□專□
王命□敢□
□天子休□
□朕皇祖□
□□鑄鐘用
□純叚□□
□□□年子

孫[illegible]寶

此器不知誰氏藏全文七十八字可辨者四十四字

子璋鐘一

其吉金自作鉌鐘
用匽以喜用
樂父兄諸士

子二孫二永保鼓之
眉壽無期
隹正十月初吉丁
亥羣孫斨子璋二𦉜
其吉金自作鉌鐘
用匽以喜用
樂父兄諸士

子璋鐘二

無基子孫

□保□□

隹正十月初

吉丁亥羣孫

斨子璋𢍰

其吉金自

乍龢鐘用

匽目喜用

樂□□諸

士其眉壽

四明趙氏藏器

伐郘鐘

王命公伐郐戎戰
克敵郐方目靜乃
錫公寶鐘大曲彤
矢𨄅馬衮冕目章
公休世世爲周輔魯受
多福子〻孫〻萬年永亯

此器不知藏誰氏據愙齋中丞所藏墨本入錄

邾公牼鐘一

隹王正月初吉辰在乙亥鼄公牼擇厥吉

金玄鏐膚呂自乍

龢鐘曰余□韓威

忌鑄□龢鐘三錯

萬□分器是寺

台樂其身台匽大夫台喜諸士至于

此器吳中馮景廷先生桂芬藏後置之聖恩寺

邾公牼鐘二

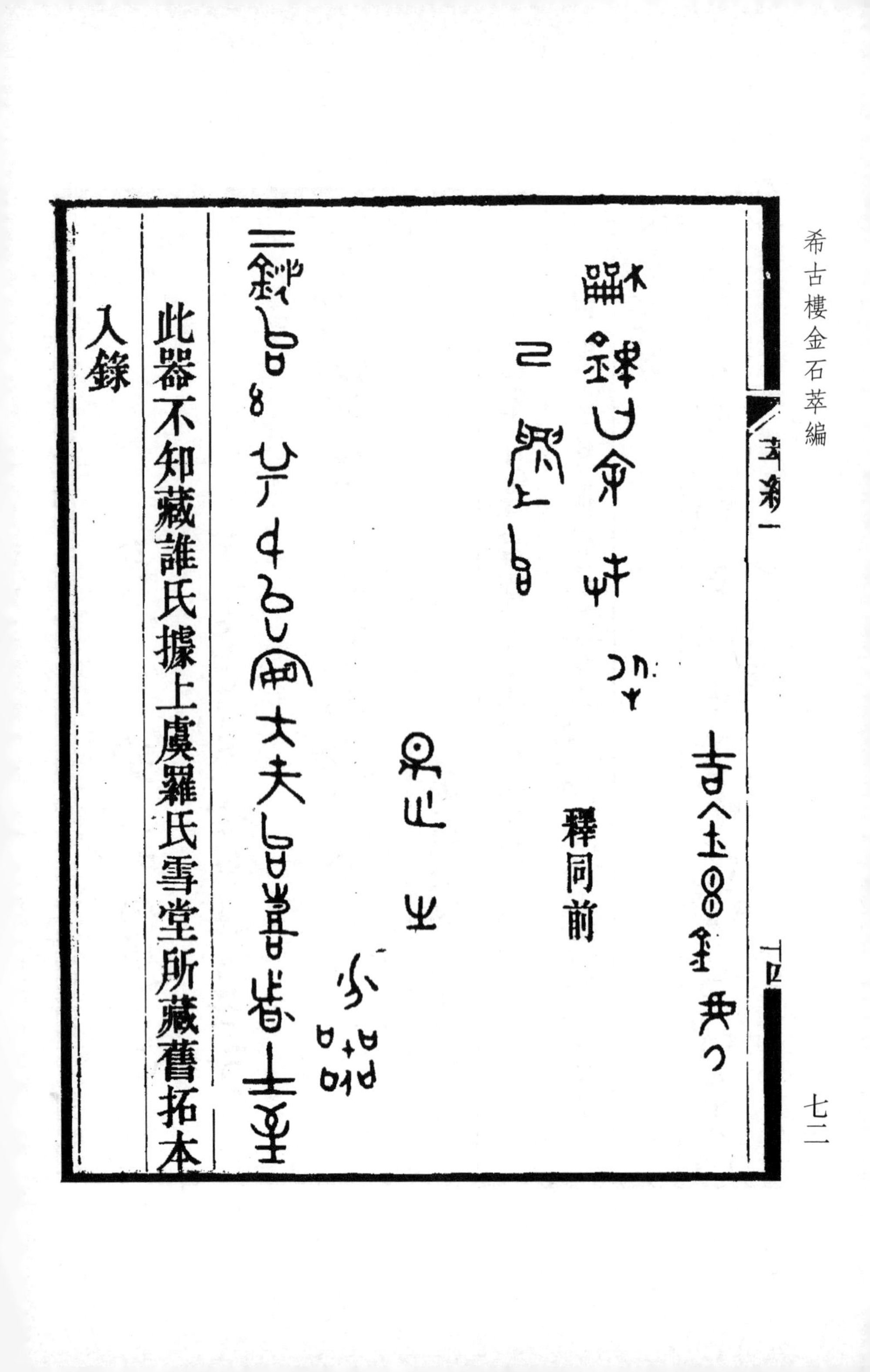

釋同前

此器不知藏誰氏據上虞羅氏雪堂所藏舊拓本入錄

郘鐘一

隹王正月初吉丁亥郘𪐞
曰余□公之孫郘伯之子
余頡岡事君余嘼□武乍
爲余鐘玄鏐鏞鋁大鐘八
隶其□四堵□其龍既壽
𧇖虡大鐘既縣玉鐺鼉鼓
余不敢爲喬我吕亯孝樂
我先且吕蘄眉壽世=子孫
永吕爲寶

鋁鐘愙齋著錄七器此不知誰氏藏在七器外

郘鐘二

釋同前

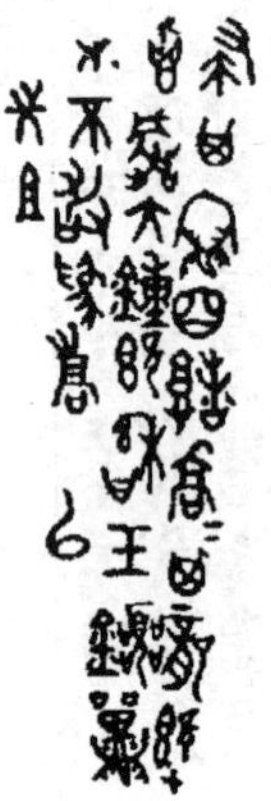

邵鐘三

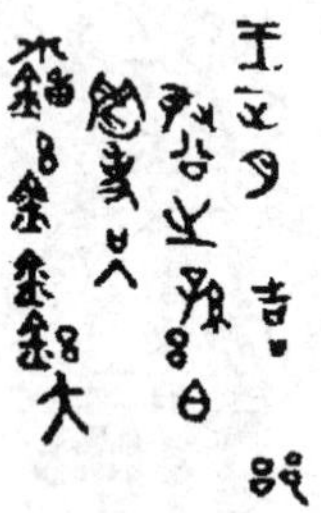

釋同前

邵鐘四

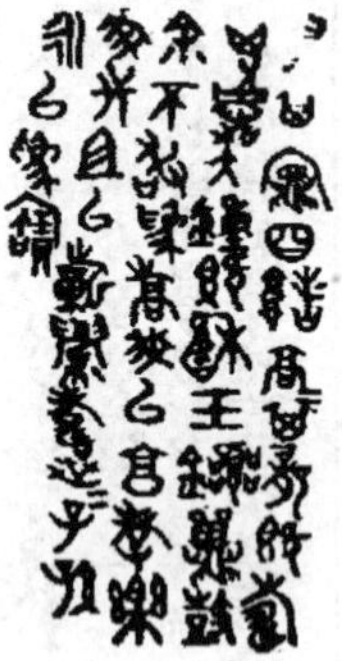

右三器亦愙齋所遺合之愙齋所錄共得十一器不知傳世者共幾器也

日在庚句鑃附

正月初吉日在庚郤

言□□故□自乇征□以上二行在陽面兩側

□□□□備至金兵

枼萬子孫眉壽無疆

皿彼吉人亯士余是口以上三行在陰面兩側

吳縣潘文勤公藏器狀似句鑃文多不可識

殘鉦附

隹正月□□

□□□□□

之子□□□

吉金□□□

□□□□□

其□□□□

□□□□□

卩其□□□□

皿余吕行□

以上陽面

師余吕政□

徒余吕□□

余吕伐郐炎
子孫□□鑄
此鉦金女勿
喪勿敗余弗
□南疆萬枼
之外子二孫□
俚乍□□□

以上陰面

此器近年出土文十八行行五字共九十言存者才逾半器形長柄下爲墉圓筩狀如句鑃文中有鑄此鉦金語鉦下一字半沒此器名鉦□殆郎後世之鉦新莽有候騎鉦狀如小鐘則此器爲鉦無疑乃軍行之樂故有余以政郎征□徒及余以伐郛發語爰橅附句鑃之後

寶鐸附

[illegible]

□□乍寶鐸

其邁秊永寶用

吳縣蔣伯斧學部黼藏

希古樓金石萃編卷一

希古樓金石萃編卷二

吳興劉承幹撰

金　彝器款識二

鼎

告田鼎

告田

公無鼎

公無

[illegible]續二 一

據羅氏雪堂所藏青浦王蘭泉少司寇塈拓本錄

作寶鼎一

作寶鼎

作寶鼎二

釋同上

作寶鼎三

釋同上

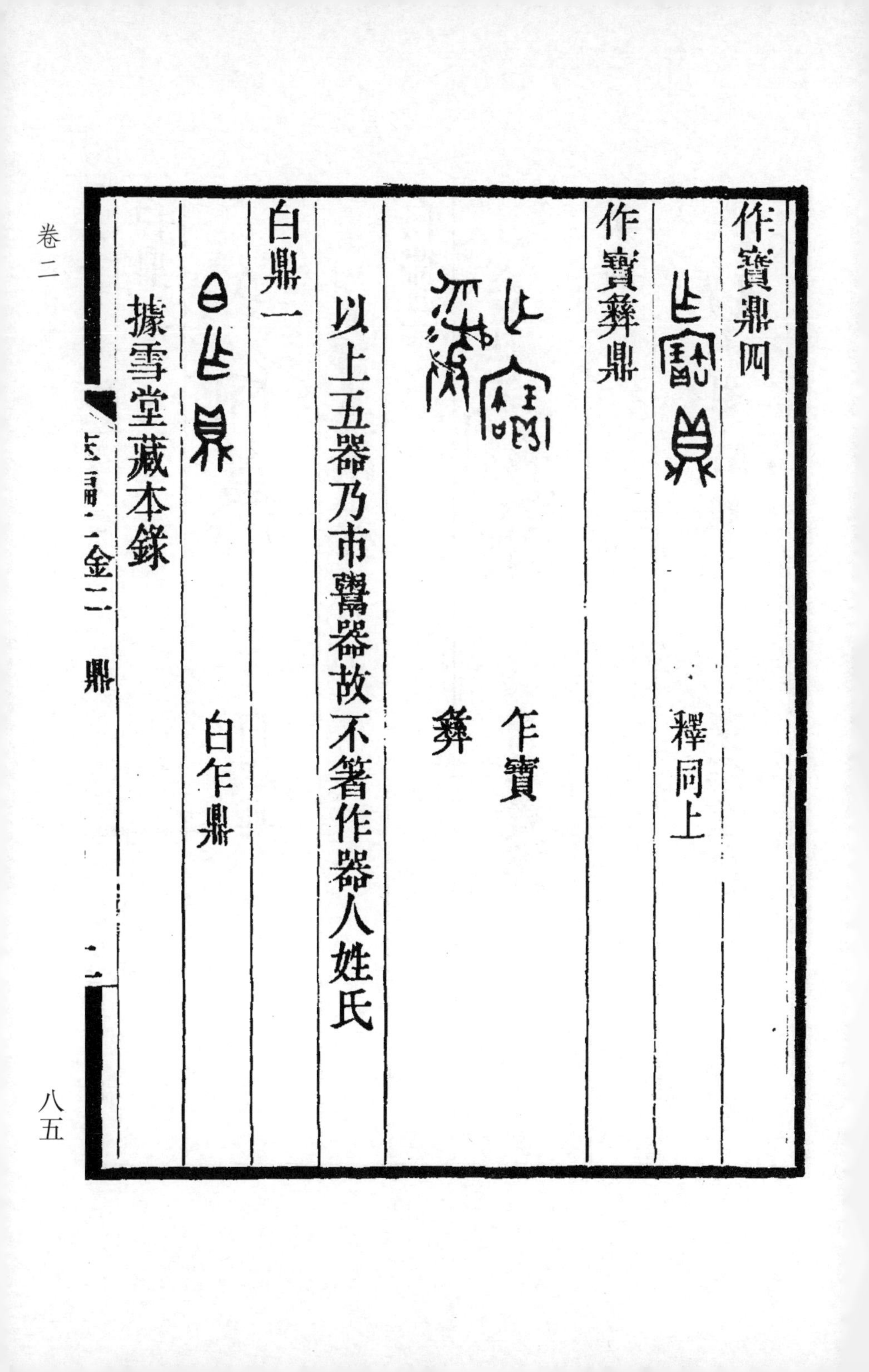

作寶鼎四

釋同上

作寶彝鼎

作寶

彝

以上五器乃市賈器故不著作器人姓氏

白鼎一

白乍鼎

據雪堂藏本錄

白鼎二

白旅鼎

據雪堂藏本錄

白鼎三

白乍寶彝

欒鼎

欒乍旅鼎

據雪堂藏本錄此器文皆反書乃作範時之誤非如蕭梁時之有反左書也凡彝器文反者皆由範誤樂从丝在木上亦省白

⿱宀敢鼎

⿱宀敢作

寶鼎

器不知藏誰氏⿱宀敢字不見許書殆即寓字

□鼎

□作寶鼎

宗室伯羲祭酒盛昱鬱華閣藏器

北白鼎

[illegible]

北白

乍尊

光緒十六年直隸淶水張家窪出土古器十餘皆有北白字此鼎其一也今不知藏誰氏

□姞鼎

[illegible]

□姞乍寶鼎

姞字从土殆从吉即姞字下半之口爲鏽所掩

□句鼎

[illegible] [illegible] [illegible]　□㚸乍

[illegible] 鼎　輦鼎

㚸殆與㚸伯達敦之㚸同古㠯台通用女姓之姒不見許書古金文皆作始其證也公姒敦又作旅此㚸字疑即旅省輦即旅字是古文或从車前人多析爲旅車二字非也

訢啟鼎

[illegible] [illegible] [illegible]　訢啟乍

[illegible] [illegible]　旅鼎

此器不知藏何氏據雪堂藏墨本入錄

亶姜鼎

亶姜乍

旅鼎

亶从亩从从虫疑蟺之省

叔攸鼎

叔攸乍

旅鼎

㳜卽攸字从亻从攴亻者爲鏞掩也篆文攸从攴水省作㳜秦繹山刻石作𢼸从丨丨古金文或从丨丨毛公鼎或从丨丨頌敲皆象水形此从丨丨與頌敦同

[illegible][illegible]鼎

攴白乍旅鼎

據雪堂所藏墨本入錄

白鼎

白乍寶尊彝

□□鼎

此器往歲見於都門今不知歸何氏

囗囗

乍寶鼎

據雪堂墨本入錄

大亥方鼎一

囗囗乍

周大亥

大亥方鼎二

亥囗乍

囗大亥

右二器同文弟二字作[古文]或反之作[古文]象人負子抱子形下半从㐅不能知爲何字器出近畿歸上虞羅氏

井季𡕦鼎

井季𡕦

乍旅鼎

羅氏雪堂藏器宣統辛亥航載至海東殘破不復可拓但存墨本

𢦔父鼎

𢦚父乍

□台鼎

台殆與始通卽女姓之姒

須□生鼎蓋

須□生

之飤鼎

定海方氏藏器

矢王鼎

矢王乍

寶尊鼎

取它人之善鼎

之善鼎

取它人

丹徒劉氏藏今歸盧江劉氏銘文左讀取故聊字

它人作器者名善古膳字

叔鼎

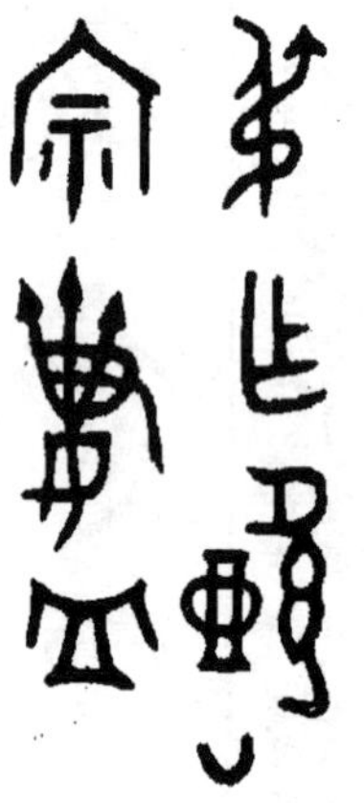

叔乍□
宗䵼

䵼與趞鼎之□同上从□即□字妻者齊也古文亦从齊聲故从从□从妻一也

穌還鼎

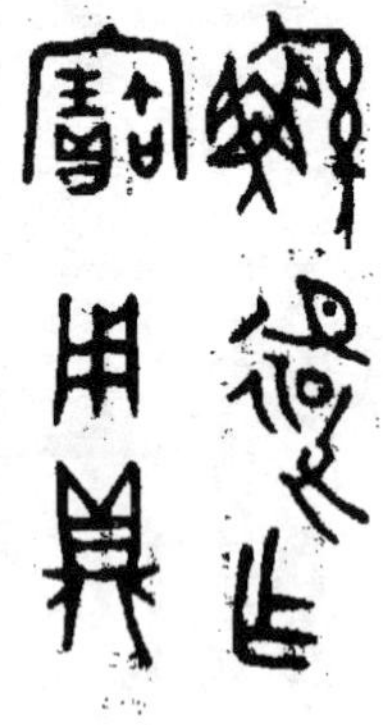

穌還作
寶用鼎

鯀象魚就緍形殆卽鮍字恐非禹父名之鯀

尹叔鼎

尹叔乍卩
姞𪒠鼎

⿰阝曼疑卽⿰阝曼字

⿱亠奉姬鼎

王乍⿱亠奉姬
寶尊鼎

不知藏誰氏萃古餘字

卲王鼎

卲王之□

之饋鼎

據鬱華閣拓本錄

宮白鼎

季瑟乍宮

白寶尊彝

彝从妻从舟與趙鼎之齍叔鼎之彝同

作寶鼎

乍寶鼎子孫永寶用

此鼎不言作鼎人名亦彝器也

叔師父鼎

叔師父乍尊鼎其永寶用

據雪堂拓本入錄

□子每□鼎

□子每□
乍寶鼎其
萬年□
寶□

文爲鏽掩已失數字器不知藏何氏據上虞羅氏墨本入錄

自七鼎一

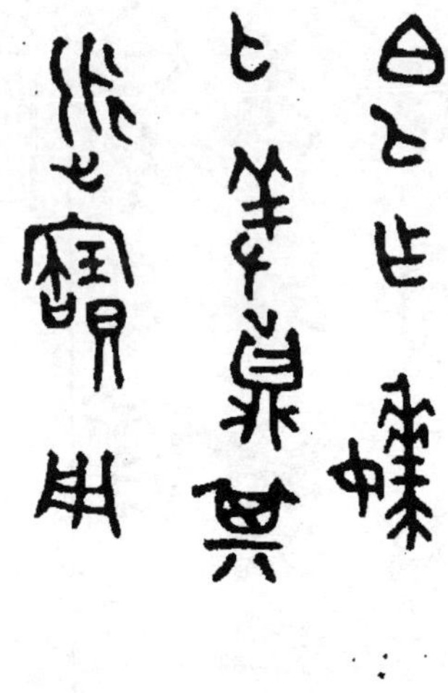

白匕乇嫌
匕羞鼎其
永寶用

白匕鼎二

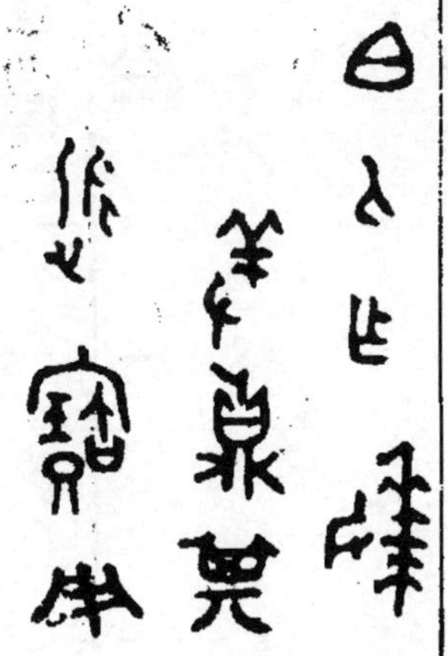

釋同上

白匕鼎三

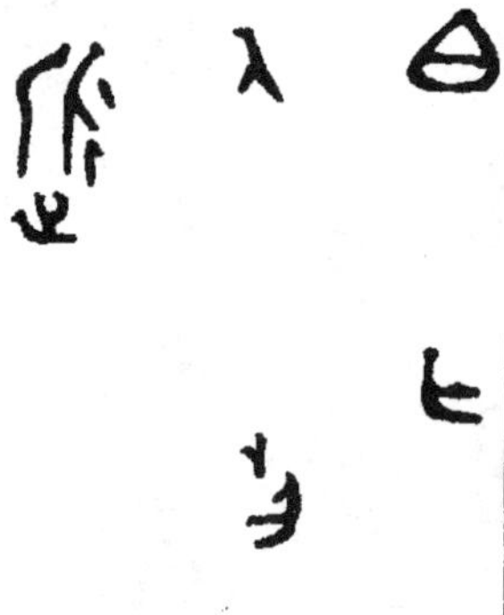

釋同上

白匕鼎四

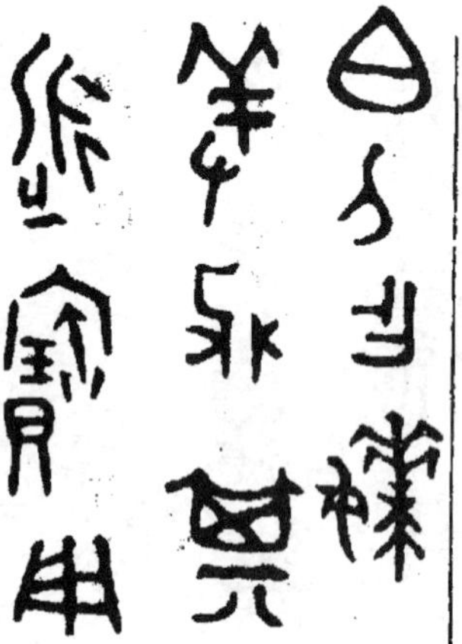

釋同上

右鼎四文同前二者乃劉燕庭方伯藏己未春見之滬江後二品不知藏誰氏

內大子鼎

內大子□
鑄鼎子
孫永用享

內卽芮據雪堂藏本入録

□中鼎

□中□□乍
鼎子孫孔寶
用

據雪堂藏本入錄

倗中作畢媿鼎

倗中乍畢
媿賸鼎其
萬年寶用

賸卽媵古通假

眞子石鼎

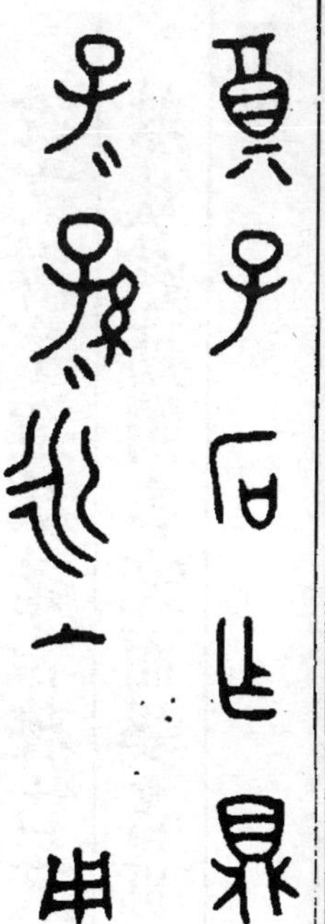

真子石乍鼎
子孫孫永寶用

真卽鄭

內公鼎

內公乍鑄
飤鼎子孫
永寶用亯

內公乍之乍殆是芮公名

郜造□鼎

郜⿺辶艁□乍寶鼎子子孫孫用亯

說文解字造从辵告聲古文从舟作艁此作⿺辶艁从艁从辵所謂古文而異者也

大師鼎

大師人□
乎乍寶鼎
其子孫=用

丹徒劉氏藏

鄭羊白鼎

奠羊白乍
寶鼎子=孫

其丮寶用

[illegible]字下非从女羅叔言參事云卽羊字殷虛卜辭羊字或作[illegible]殷虛書契卷四弟五十葉作[illegible]鐵雲藏龜之餘作[illegible]書契後編卷下弟四十二葉象羊就牵形[illegible]象牽羊之索此鼎羊字下从[illegible]卽卜辭之[illegible]但形略變耳卜辭羊字又或作[illegible]書契卷一弟四十五葉象羊側視形攗古錄載奠羊白鬲羊作[illegible]與卜辭作[illegible]正同此鼎與鬲一人所作前人釋鬲文之[illegible]作姜誤也

靜叔鼎

靜叔乍□鼒

旅鼎其萬年

眉壽永寶用

武生鼎一

武生戈□□

其羞鼎

子孫孫永

寶用之

武生鼎二

釋同上

右二鼎鬱華閣藏今在都肆

□君子□鼎

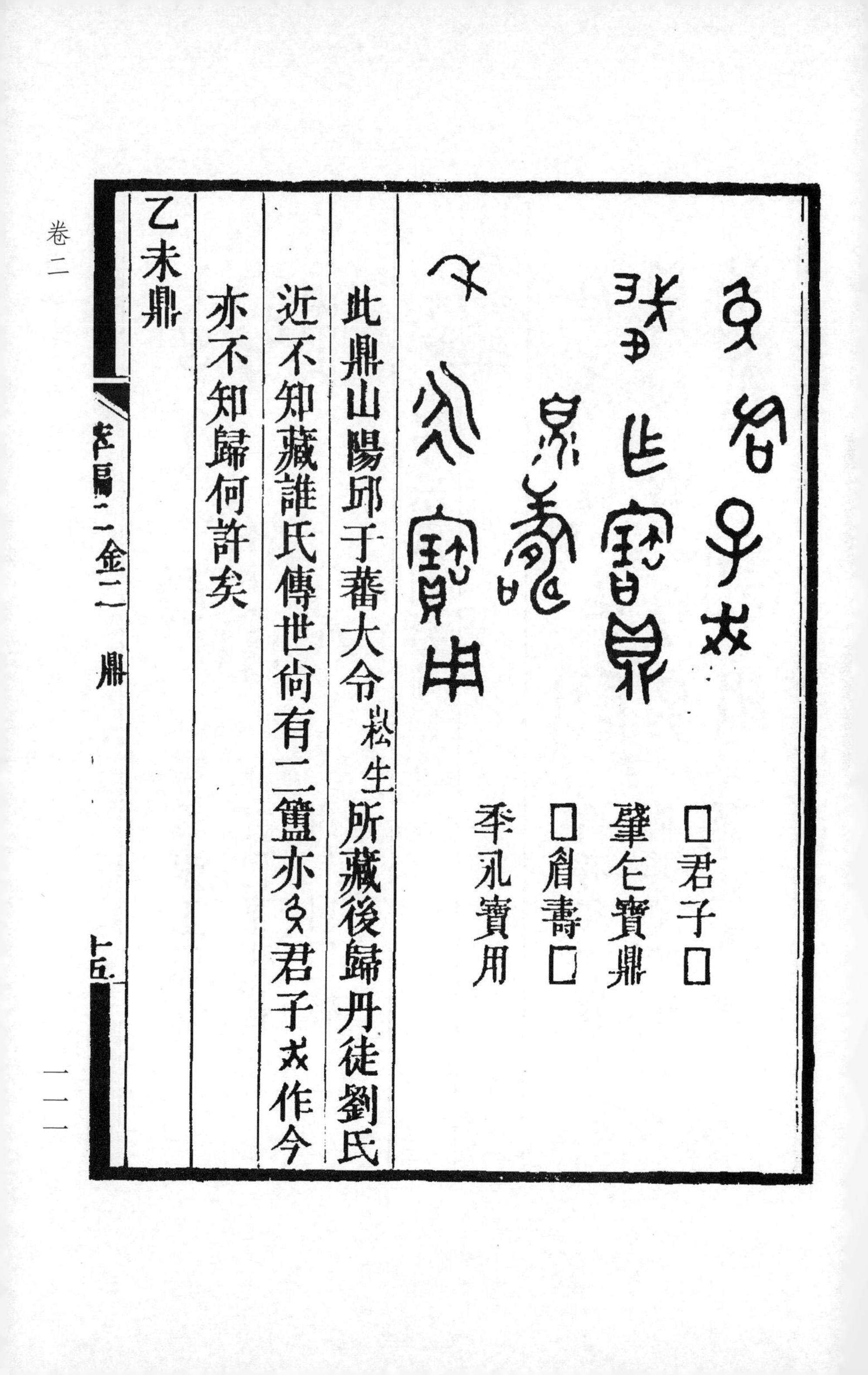

□君子□
肇乍寶鼎
□眉壽□
季孔寶用

此鼎山陽邱于蕃大令崧生所藏後歸丹徒劉氏近不知藏誰氏傳世尚有一簠亦□君子𢦏作今亦不知歸何許矣

乙未鼎

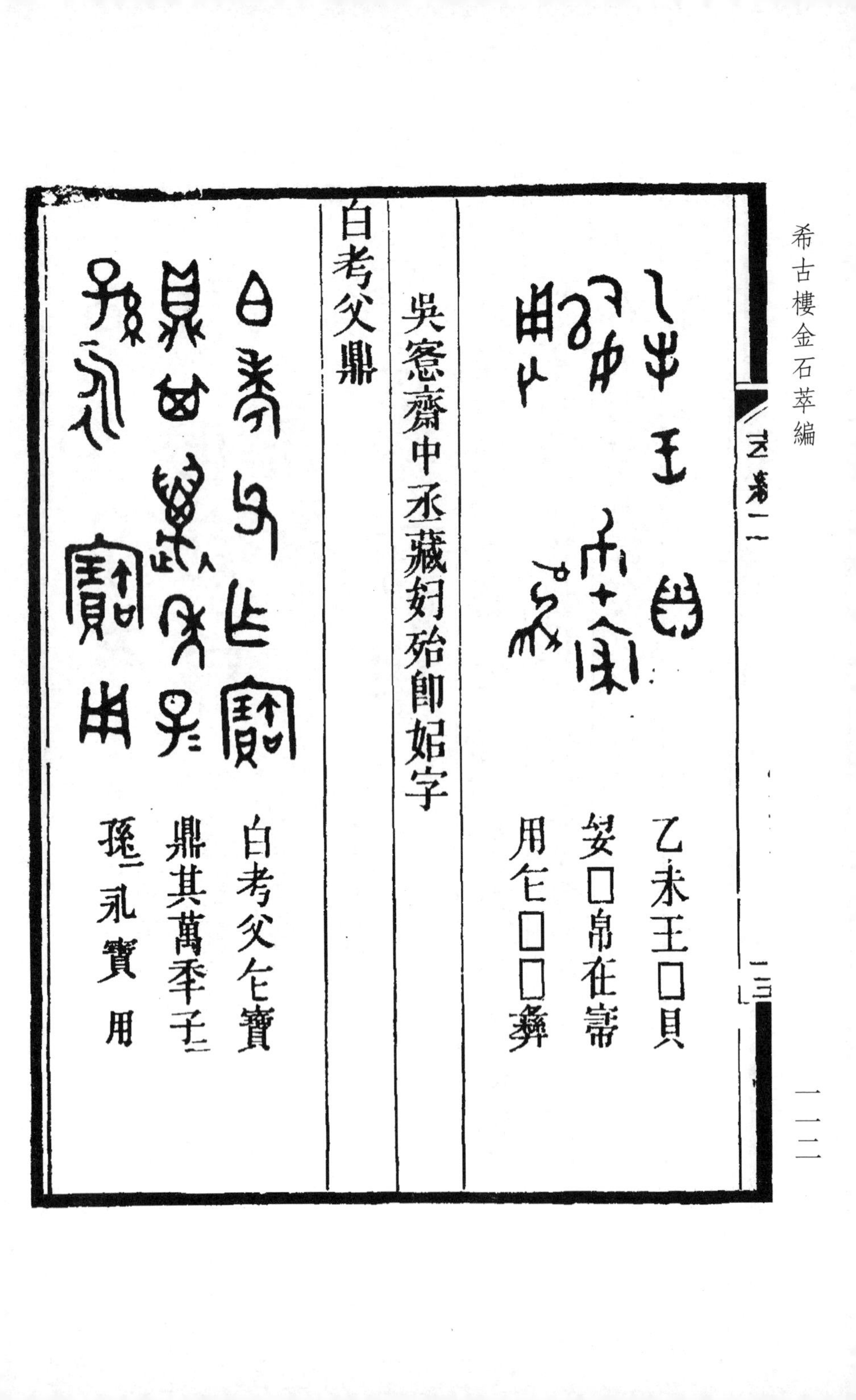

乙未王□貝
妥□帛在寤
用乍□□彝

吳愙齋中丞藏姛殆卽妃字

白考父鼎

白考父乍寶
鼎其萬秊子=
孫=永寶用

輔白雁父鼎

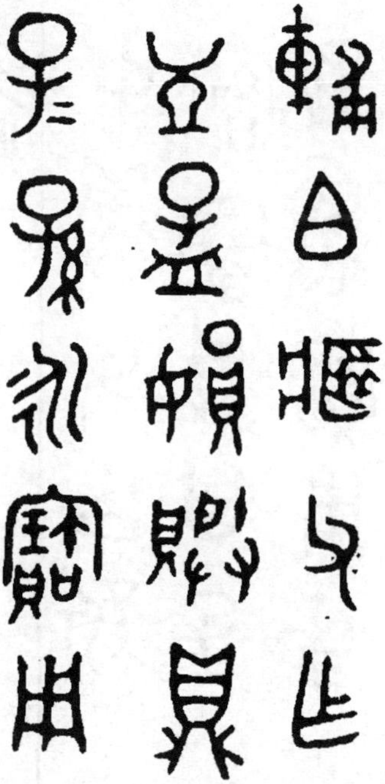

輔白雁父乍
□孟媜賸鼎
子孫永寶用

福山王文敏公懿榮日光室藏

師麻斿叔鼎

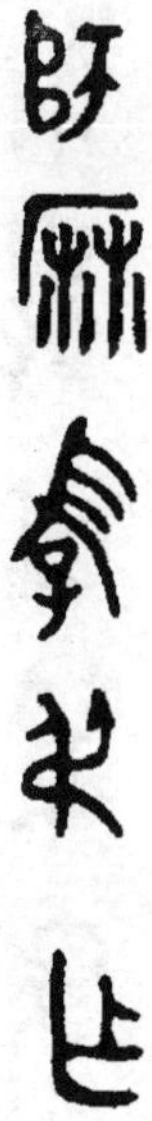

師麻斿叔乍

旅鼎其萬季
子孫永寶用

此器同治季年與一簋同出土

中義父鼎一

中義父乍新
㑺寶鼎其子
孫永寶用羍

中義父鼎二

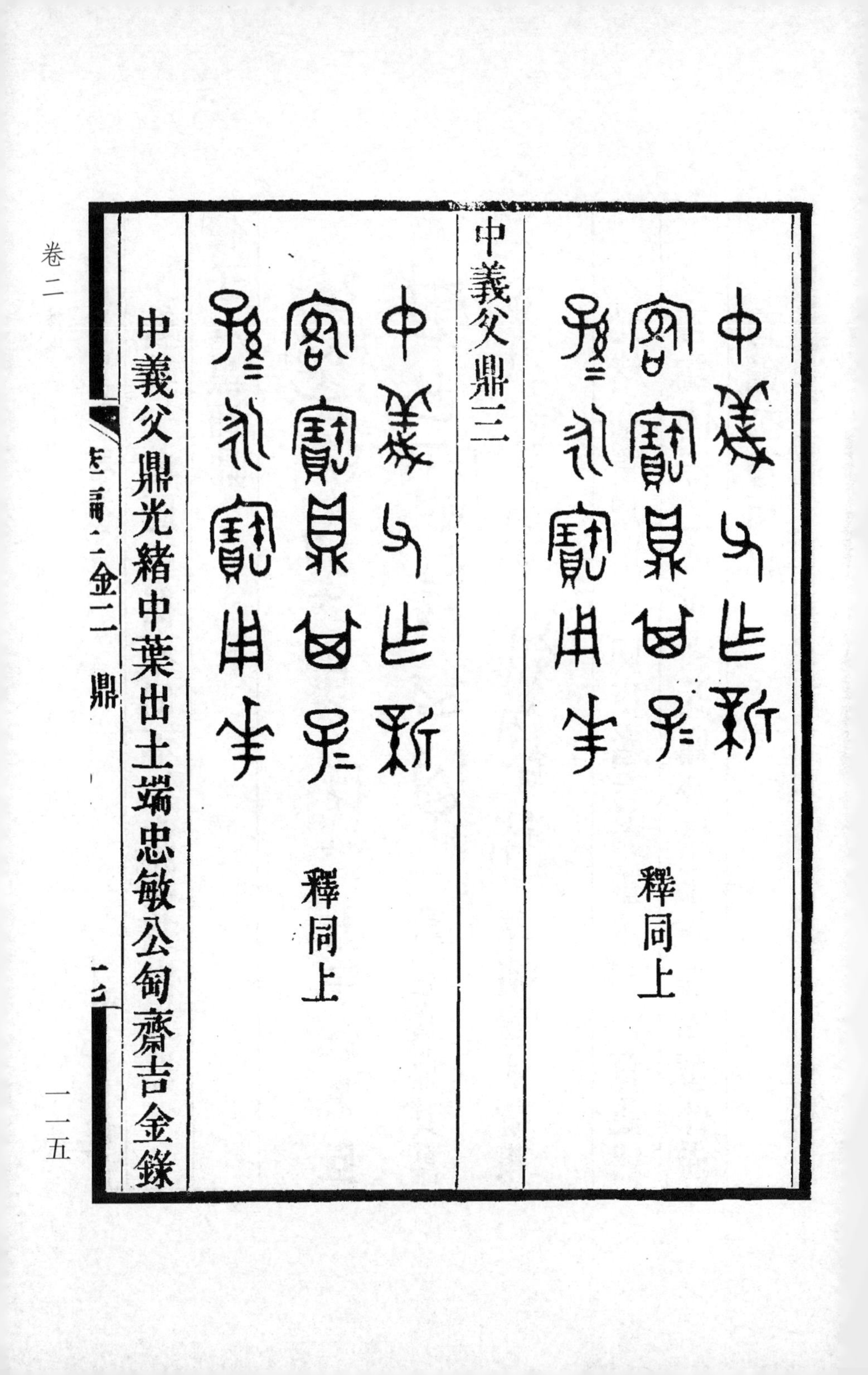

釋同上

中義父鼎三

釋同上

中義父鼎光緒中葉出土端忠敏公匋齋吉金錄

箸其一與此三器不同不知當時共出幾器

鑄子叔黑頤鼎

鑄子叔黑臣

肇乍寶鼎其萬

秊眉壽永寶用

光緒初青州出土同出者有數簠不知尙有他器否鑄國器之傳世者此鼎及鑄子叔黑臣簠外尙有鑄公簠而已

祀白鼎

永寶用享
萬季子孫
乍寶鼎其
□□祀白

此鼎近年出土同出者敢一鬲二鍑二鼎與敢鬲歸上虞羅氏鍑不知何適文左行

雝白原鼎

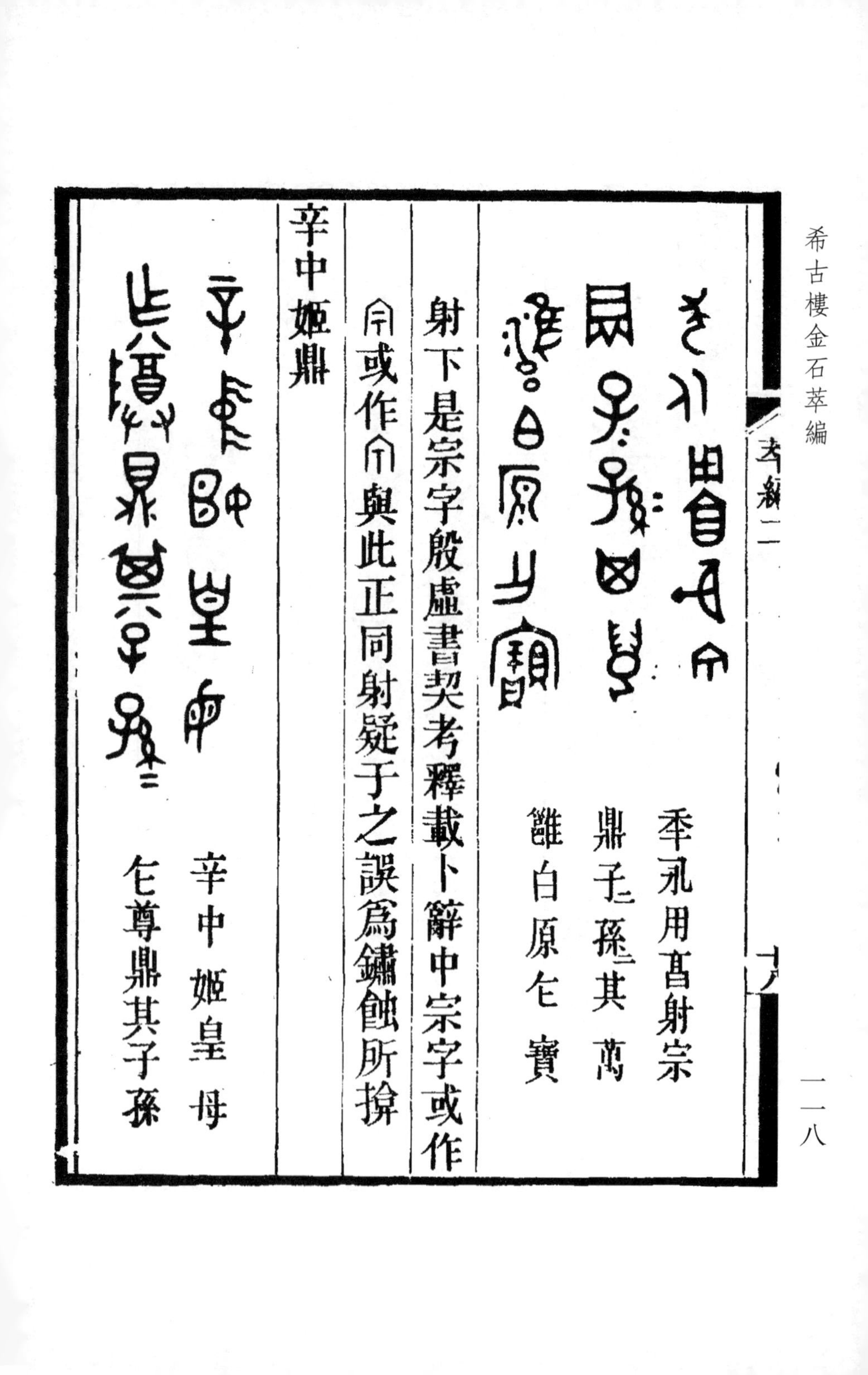

[seal script]

季孔用亯射宗
鼎子=孫=其萬
雒白原乍寶

射下是宗字殷虛書契考釋載卜辭中宗字或作[seal script]或作[seal script]與此正同射疑亍之誤爲鏽蝕所掩

辛中姬鼎

[seal script]

辛中姬皇母
乍尊鼎其子孫

用亯孝于宗老　用亯孝于宗老

殷虛書契謂殷人卜辭中凡中正字皆作中从○从卜伯仲字作中無斿形二字判然不相淆混今此鼎中姬之中卽仲字而文作中然則二義之相亂周代已然矣

鄭虢中鼎

奠虢中悆口用　奠虢中悆口用

乍皇且文考寶　乍皇且文考寶

鼎子=孫永寶用

潘氏滂喜齋藏

𩚥白□鼎

孫=永寶用
萬年無疆□
乍寶□盜其
隹𩚥白□自

此器近年出土與予齋所藏衵白諸器不知同地所出否東估之旅中州者以墨本至詢以出何處不能答問其器則鼎也文四行二十一言可辨者十七字曰隹衵白□自作寶□溋其萬年無疆□孫永寶用此鼎也而謂之□溋溋上一字雖不可辨而溋字明白可辨殊不可解然懷鼎云褭自乍飤石它石它二字諸家無釋往歲嘗與亡友劉鐵雲觀察言當即是石它鐵雲稱善嗣又見大師鐘白侵鼎文云大師鐘白侵自作石沱此鼎亦稱自作寶□溋蓋石卽碩它沱溋同一字其義雖不可知然知鼎故有石它之稱

深白友鼎

子孫=永寶用之
萬秊無疆
林乍鼎其
唯深白友□

此器近年出土在都肆文極艸率年字非循上下文觀之不可識也文左行

□□宰鼎

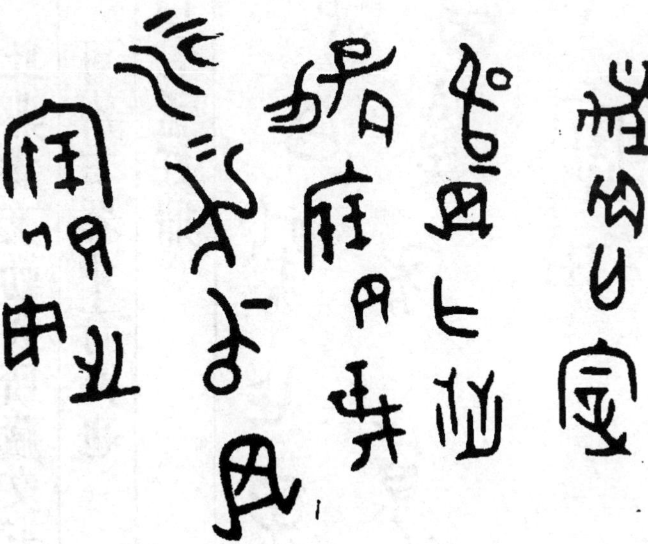

□□宰

□其□

□寶鼎

其子子孫永

寶用之

此鼎潘文勤公所藏文五行顛倒相間艸率多不可辨古器中奇品也

郜白乍孟妊鼎

郜白肇乍孟妊善鼎其萬季眉壽子=孫=永寶用

邿白鼎

邿白貞乍善鼎其萬秊眉壽無疆子二孫永寶用亯

二鼎文環刻鼎口他器罕見

舍父鼎

辛宮錫舍父
帛金揚辛宮
休用乍寶鼎
子⺀孫⺀其永寶

舍字不可識

大師鐘白優鼎

隹正月初吉

己亥大師鐘

（銘文摹本）

己亥大師鍾

白僊自乍

石沱其子ニ孫

永寶用之

古金文中恆有全文正書獨一字反書者此器僊字反書是其例也殷虛文字中且有諸字順書其中一二字獨逆書者古人作書固不能如後世之嚴矣

戈叔朕鼎

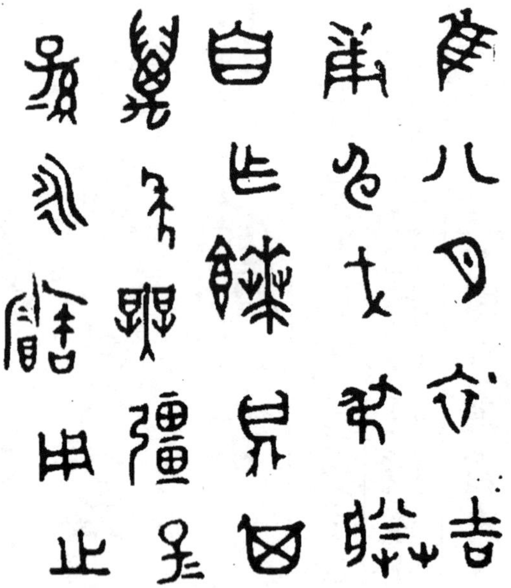

隹八月初吉
庚申戈叔朕
自乍饙鼎其
萬年無疆子
孫永寶用之

南陵徐氏藏此鼎有二前人著錄者非此器也

諶鼎

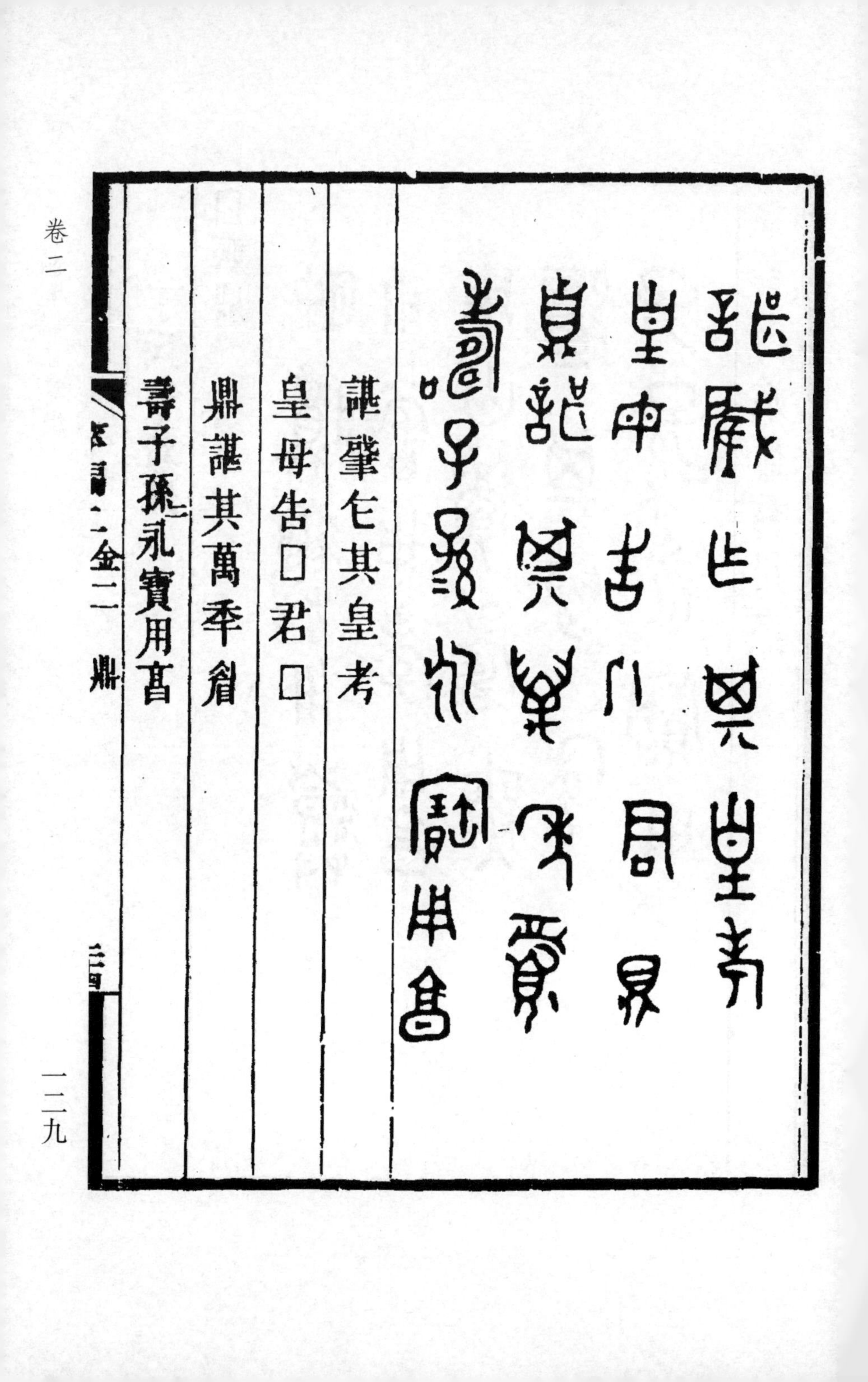

諆肇乍其皇考

皇母告□君□

鼎諆其萬秊創

壽子孫永寶用亯

丁氏匋齋藏

囗姬鼎

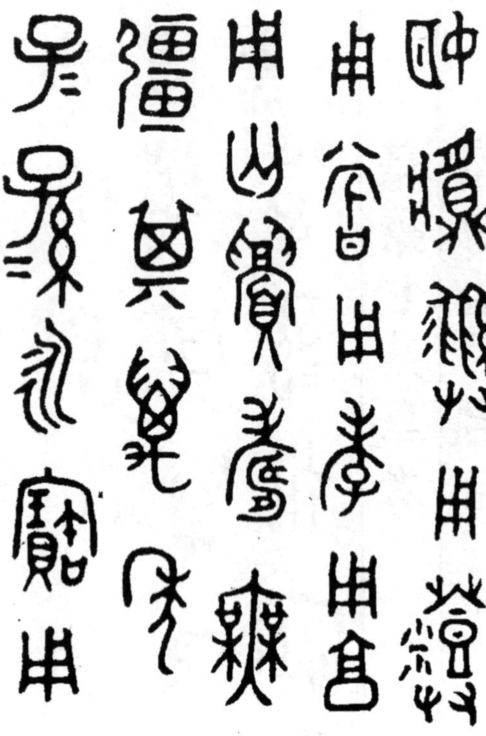

姬䵼彝用烝

用嘗用孝用亯

用何眉壽無

疆其萬年

子〻孫〻永寶用

鼎文但存後半其前半殆刻之他器鐘文每多一

文分刻數器者他禮器則僅見是鼎耳

曾子中宣□鼎

曾子中宣□

用其吉金自□

曾子中宣

用其吉金自□

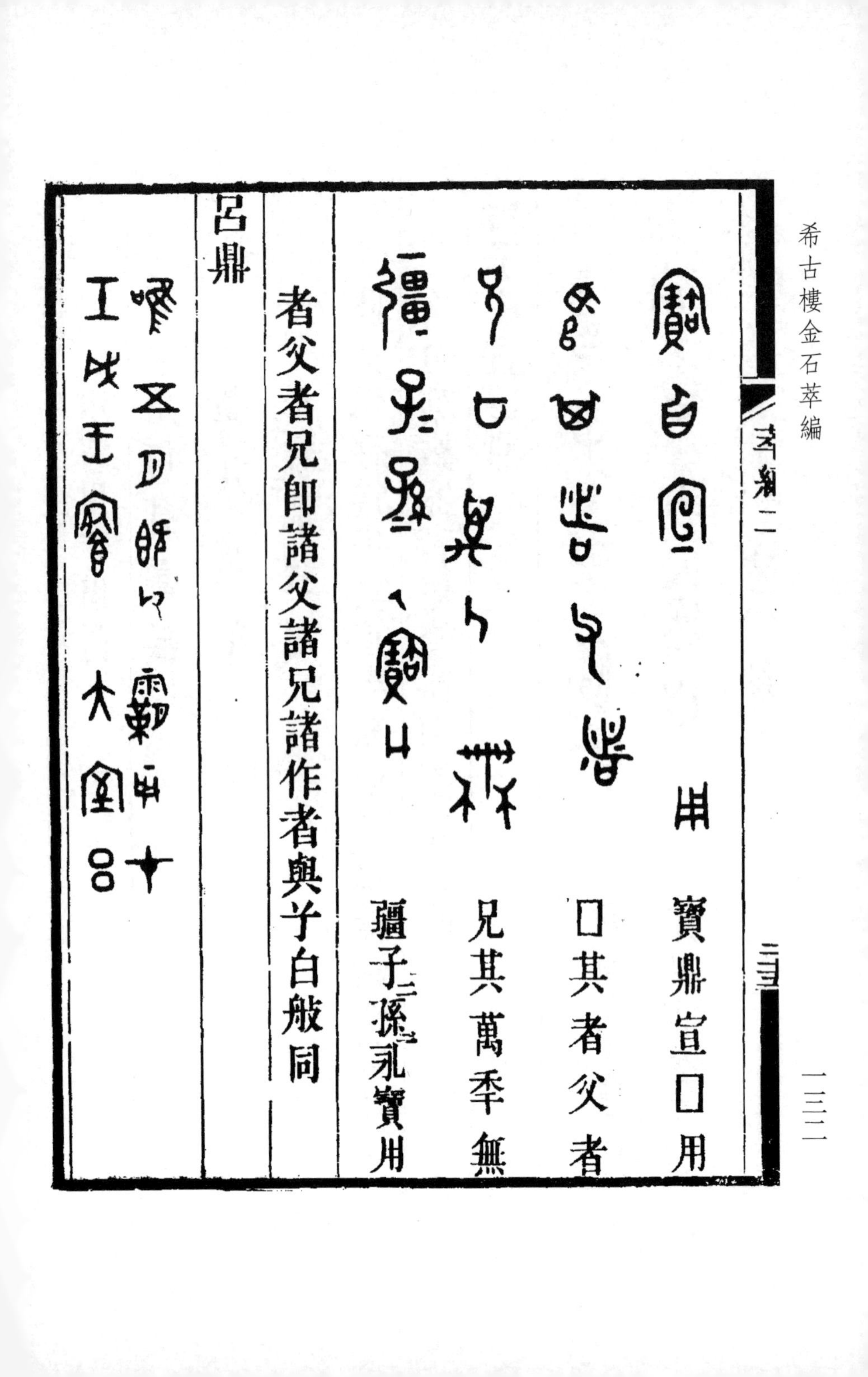

寶鼎宣□用
□其者父者
兄其萬秊無
疆子=孫=永寶用

者父者兄卽諸父諸兄諸作者與子白般同

呂鼎

佳五月既死霸辰在
王戍王口口大室呂
祉于大室王錫呂鬯
三卣貝朋對敭王休
用乍寶𩰫子=孫=永用

器藏上虞羅氏文六行弟二行一字爲鏽所掩又
一字不可識鬯卣之鬯毛公鼎彔伯敦吳尊均从

㽙矩聲與許書合此作𥎦从矩省

伐郐鼎

王令公伐郐
攻戰克啚郐
方吕靜錫公
寶鼎大曲彤
矢蹼馬袞冕

㠯章公休世
爲周輔圖受
多福其子二孫二
萬季永用亯

南通州馮氏舊藏後歸愙齋文與伐郤鐘同

史戰鼎

尹令史戰立工

于成周十又一月
癸未史獸獻工
于尹咸獻工尹
賁史獸□錫
鼎一爵一對揚皇尹
不顯休用乍父
庚永寶尊彝

杭州鄒氏藏獸郎獸字先獸鼎員鼎中獸字均从

戰省與此鼎同羅叔言參事曰獸狩古一字古者
以田狩習戰陳故从戰省以犬助田狩故字从犬
獻工即獻功尹賞史獸𤔲之𤔲當是勞字象手持
爵形有功者持爵以勞之也毛公鼎𤔲勤大命之
𤔲吳中丞釋勞其文象兩手奉爵與此形義均合

趞曹鼎一

隹七年十月既生
霸王才周般宮旦
王各大室井白入

隹七秊十月既生

霸王在周般宮旦

王各大室井白入

右趞曹立中廷北

鄉錫趞曹載市冋

黃䜌趞曹拜稽首

敢對揚天子休用

乍寶用鄉倗友

數名中之七與十前人多不能判別溧陽端忠敏公方謂古七字作十十字作十以二畫之長短廣狹爲二字之別見陶齋藏石記測景日晷跋其言甚當然此漢人七與十之判在三代則七作十十作丨或作丨從無混淆說詳殷虛書契考釋此鼎七年字作十十月字作丨其明證也

趞曹鼎二

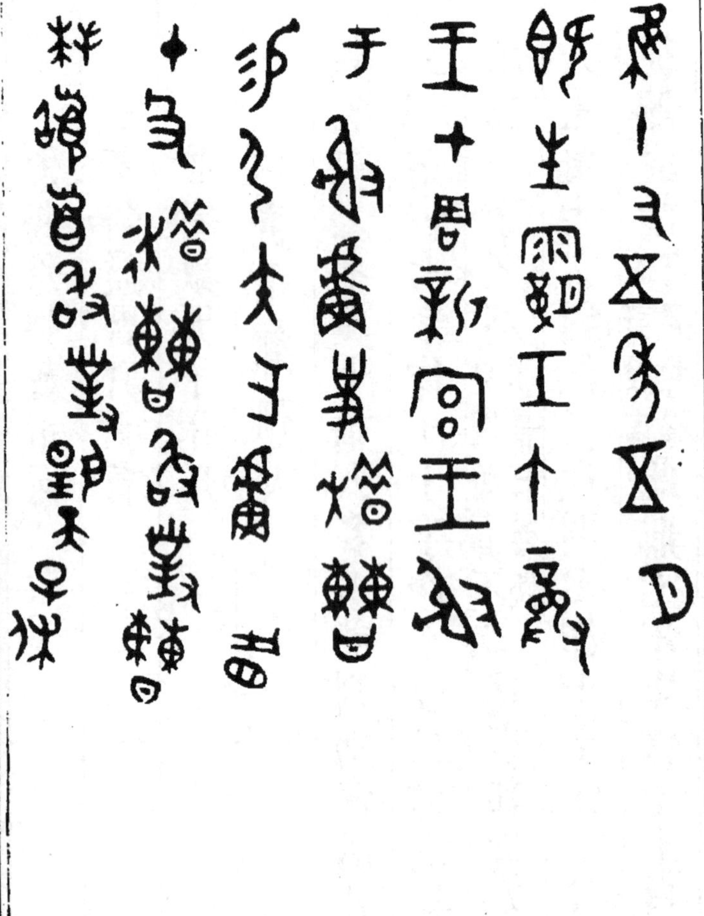

用乍寶鼎用鄉[illegible]

佳十又五季五月

旣生霸壬午龏

王在周新宮王射

于射盧事趞曹

錫弓矢□盧□□

十及趞曹敢對曹

拜稽首敢對敭天下休

用乍寶鼎用鄉倗友

史頌鼎

徣即趞字从走从辵之字古金文或从彳

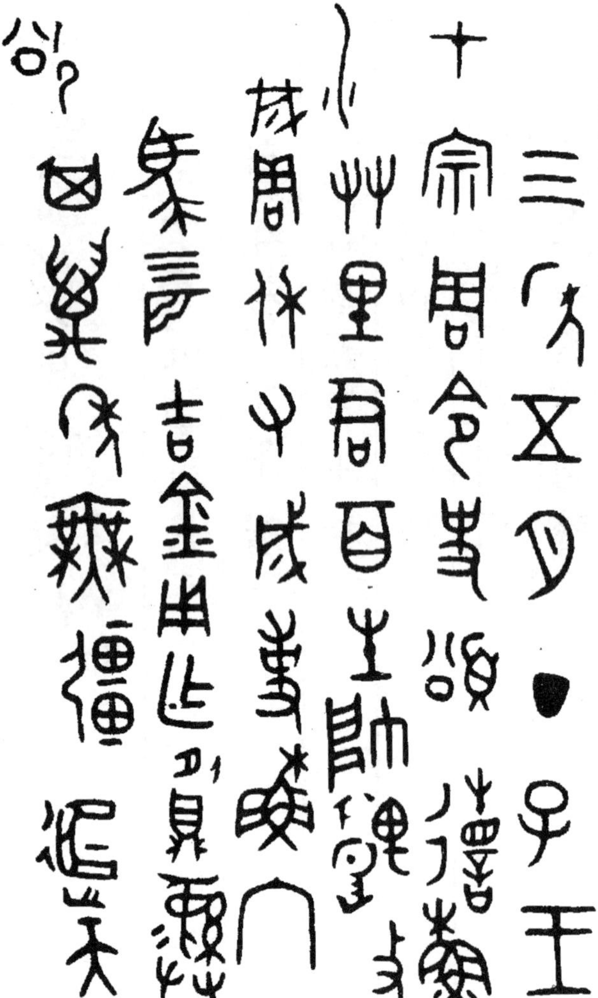

子頵令子孫永寶用

囗三年五月丁子王

在宗周令史頌徲齎

丬友里君百生帥韓囗

囗成周休有成事穌囗

囗馬訁吉金用作䵼彝

頌其萬季無彊匽天

子顯令子=孫=永寶用

此鼎凡二諸家箸其一五月丁子諸家不曉僉疑

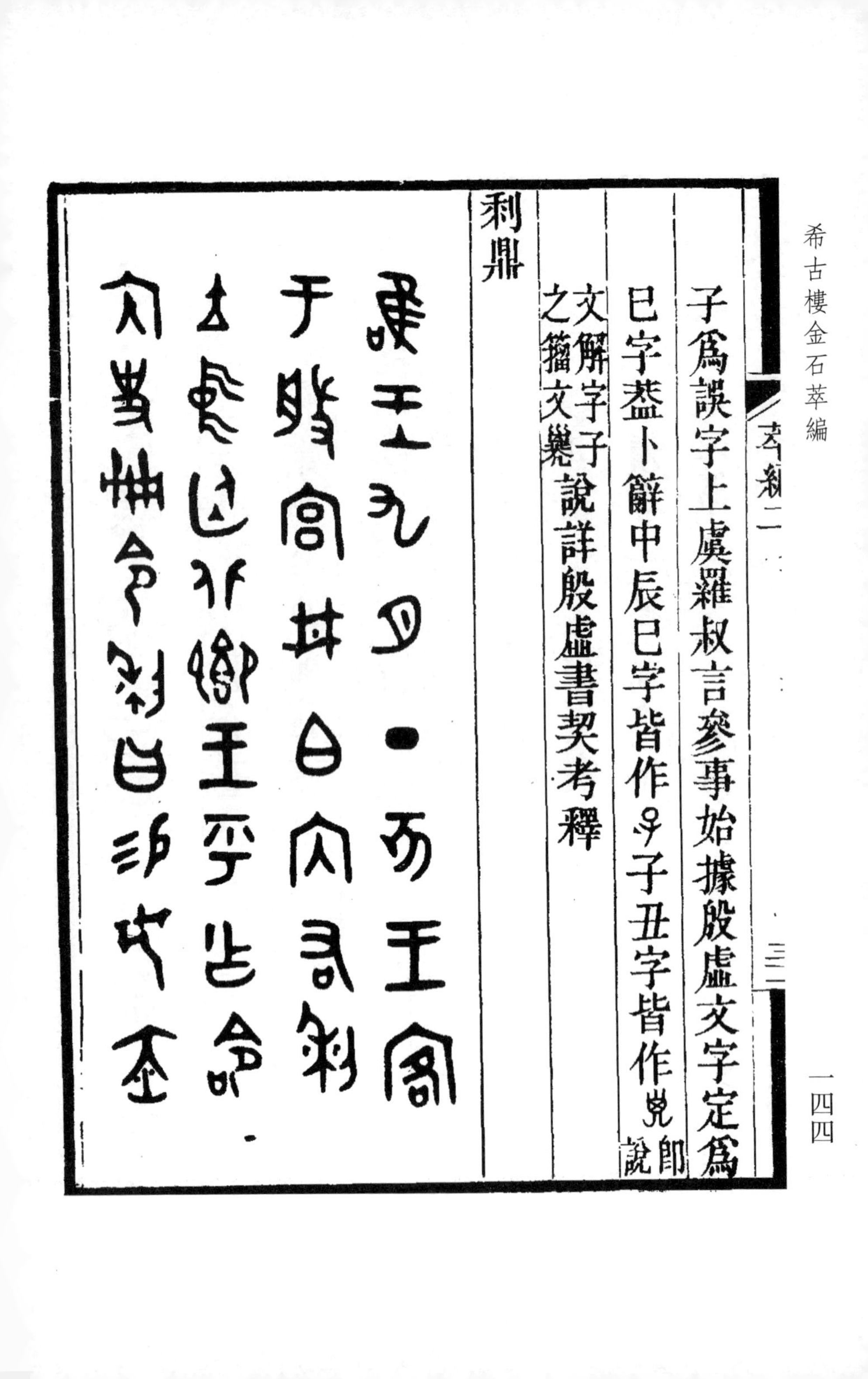

子爲誤字上虞羅叔言參事始據殷虛文字定爲巳字蓋卜辭中辰巳字皆作𢀓子丑字皆作𢀈即說文解字子字之籀文𢀈說詳殷虛書契考釋

剌鼎

佳王九月丁亥王客
于般宮井白內右利
立中廷北鄉王乎作命
內史册命利曰錫女袞

環市𦇧旂用事利拜稽
首對𢿋天子不顯皇休
用乍朕文考𤅊白尊鼎
剢其萬秊子孫永寶用

南陵徐氏藏王客于般宮客卽格井伯內右利內
卽入客說文解字从宀各聲各古文格來也客从
各聲故客各通用段君注各異詞也未知各卽格
故爲此說許君於內注入也入注內也二字轉注
故古文通用金文中如無惠鼎入門作內門古籍
中若大戴禮三本篇廟之未納尸也荀子禮論篇

作入尸史記作內尸月令無不務內呂氏春秋作務入淮南時則訓令榜人入材葦月令作納財葦襄九年左傳以出內火漢書引作出入書九江內錫大龜史記作入錫均其證也

克鼎一

隹王廿又三年九月王才宗周王命善夫克舍令于成周遹正八𠂤之年克乍朕皇且釐季寶宗

隹王廿又三季九月王
在宗周王命善夫克舍
令于成周□正八𠂤之季
克乍朕皇且釐季寶宗
彝克其日用䵼朕辟魯

休用匃康龢屯右眉壽
永令霝終萬季無疆
克其子=孫=永寶用

克鼎傳世者七器諸家箸錄凡五器

克鼎二

隹王廿又三季九月王
才宗周王命善夫克舍
令于成周遹正八自之
季克乍朕皇且釐季寶

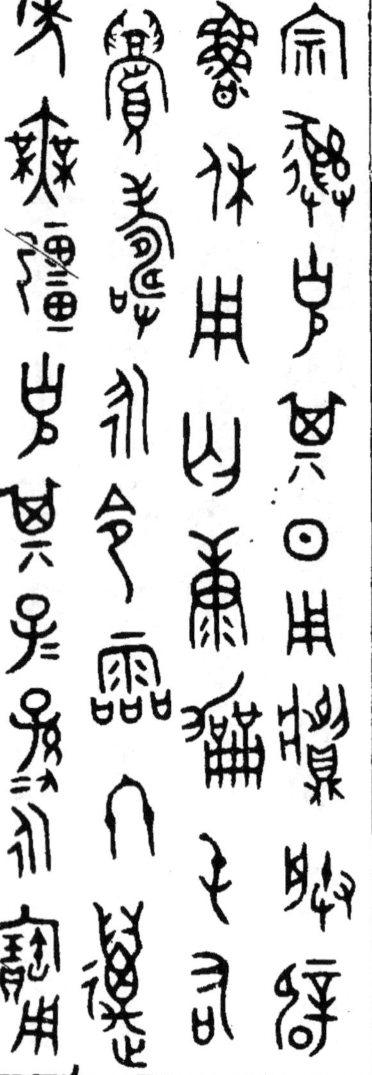
釋同前

希古樓金石萃編卷二

希古樓金石萃編卷三

吳興劉承幹撰

金　彝器款識三

鬲

史秦鬲

史秦

此鬲有兩耳足高於他器文在口內色澤似傳世已久而未見墨本流傳歲己未歸雪堂說文解字秦籀文作𥡏許子妝簠亦作𥡏並與鬲文合雪堂金石文字跋尾

乍尊彝鬲

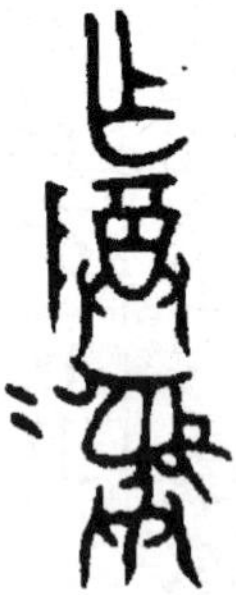

乍尊彝

閩陳子良觀察承裘澄秋館藏

叜人守鬲

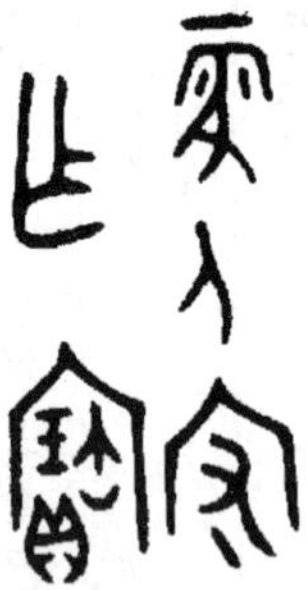

叜人守
乍寶

丹徒劉氏食舊齋藏

冓鬲

𦎫乍寶尊彝（篆文）

𦎫乍寶尊彝

文在器足他器罕見

中梁父鬲

中梁父（篆文）

中梁父

乍盉鬲（篆文）

乍盉鬲

上虞羅氏藏

季貞鬲

季貞乍尊鬲

季貞乍尊鬲

鬲从金不見他器

中姞鬲一

中姞乍羞鬲 子

中姞乍羞鬲 㚔

中姞鬲二

中姞乍羞鬲 子

釋同上

中姞鬲三

中姞乍羞鬲手

釋同上

中姞鬲四

中姞乍羞鬲手

釋同上

中姞鬲五

中姞乍羞鬲手

釋同上

中姞鬲六

中姞乍羞鬲手

釋同上

中姞鬲七

中姞乍羞鬲　子

釋同上

此器光緒間出土平生所見墨本凡九器箸錄者

才二器耳

魯侯鬲

魯侯乍姬番鬲

魯侯乍姬番鬲

器不知藏誰氏

彝鬲

戒乍

莾官

明尊

彝

南海李山農大令宗岱漢石園藏許書朙从月囧囧窗牖麗廔闓明也象形此鬲明从囧虢叔鐘从囧作朙與此略同並囧之小變也

瑟姬作姜虎鬲

瑟姬乍姜虎旅鬲

據雪堂墨本入錄

王白姜鬲

王白姜乍
尊鬲其萬
秊永寶用

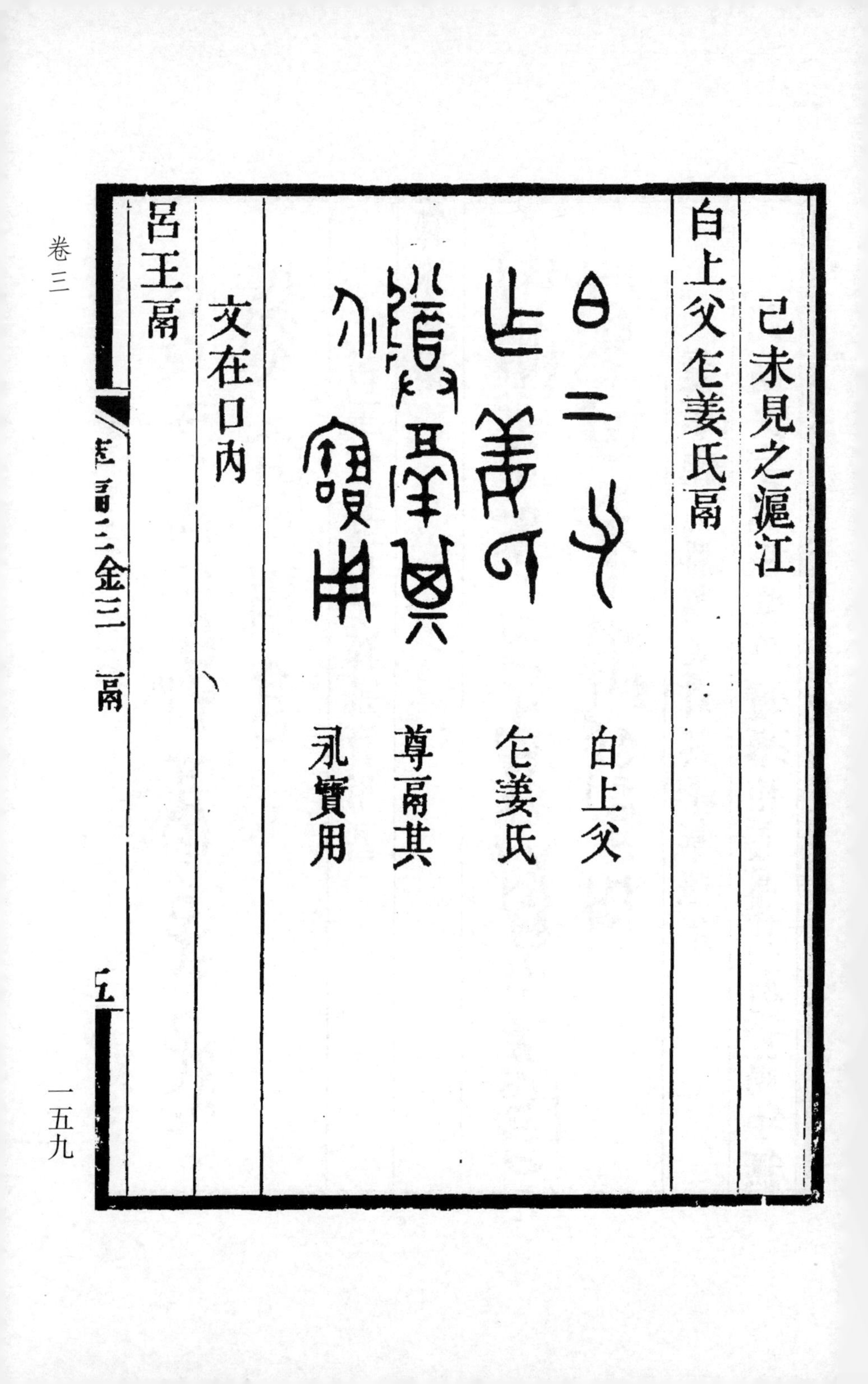

己未見之滬江

白上父乍姜氏鬲

白上父
乍姜氏
尊鬲其
永寶用

文在口內

呂王鬲

呂王乍尊鬲子二孫二永寶用亯

郲來隹鬲

鼄來隹乍鼎萬壽眉其季無疆用

此鬲文字倒植當作鼄來隹乍鼎其眉壽萬年無

疆用

右戲中□父鬲

右戲中□父乍豐鬲子孫永寶用

魯白愈父鬲一

魯白愈父作鼄姬屖朕羞鬲其永寶用

魯白愈父鬲二

釋同上

魯白愈父鬲三

釋同上

朕卽塍之省此鬲蓋塍器也𦍩古文作𢍏从手持羊此作𢍏从𠬞與从又同

史頌鬲

史頌乍寶鬲其萬年子子孫孫永寶用亯

器不知藏誰氏

𩖬中無龍鬲一

飛中無龍乍寶鼎其子=孫永寶用亯

飛中無龍鬲二

釋同上惟子孫上多萬年二字

羅氏雪堂藏此鬲也而云作寶鼎郝來隹鬲亦言

郲來佳作鼎古者鼎與鬲同用惟大小異耳旂小別之則曰鼎曰鬲大別之則統曰鼎與

孟姬鬲

[illegible]

[illegible]

□季乜孟姬寶女逡鬲其萬季子孫用之

乜字逆書逡疑即後字後从彳从夊夊下从ㄙ象倒ㄓ字此从ㄓ乃ㄓ之逆書

鄭師□父鬲

隹五月初吉丁酉奠師□父乍日鬲永寶用

杜白鬲

杜白乍叔嫞尊鬲其萬秊子=孫=永寶用

嫞字見集韻不見許書海甯王靜安徵君國維謂

卽桑中之詩美孟庸矣之庸毛傳庸女姓正義列國姓庸弋者無文以言之今乃得之古金文中矣

畢姬鬲一

白□父乍畢姬尊鬲其萬季子=孫=永寶用亯

畢姬鬲二

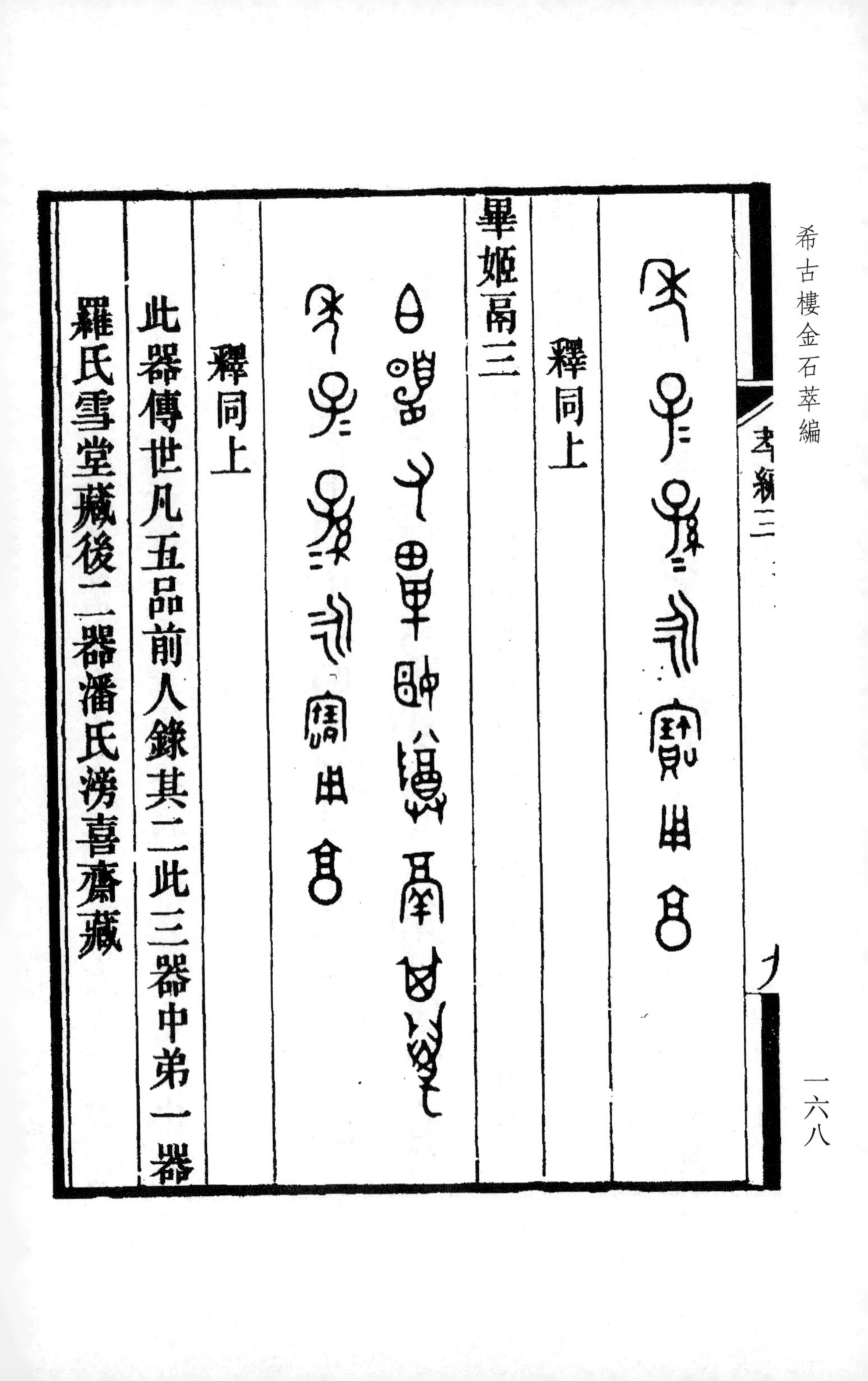

釋同上

畢姬鬲三

釋同上

此器傳世凡五品前人錄其二此三器中弟一器羅氏雪堂藏後二器潘氏滂喜齋藏

甗

命甗

命乍
寶彝

此器今歸海東

中甗父甗

中甗父自乍
旅車獻其子

孫=永寶用亯

肇字誤析書作旅車致前人認爲二字

遹甗

隹六月既死霸
丙寅師雝父伐
在古自遹從師
雝父□叓遹事
于鈇侯=篾遹曆
錫遹金用乍旅

獻

黃縣丁氏藏

散

乍寶散

乍寶散

□散

舍乍

寶散

南陵徐氏藏

白敢一

白乍寶敢

白敢二

釋同上

叔□敢

叔□乍

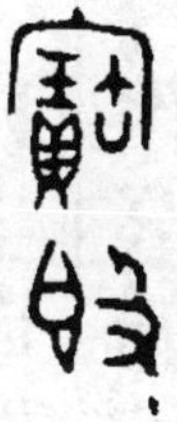

寶敢

吳縣潘氏藏

□白敢

□白乍

聾敢

季𩰫敢

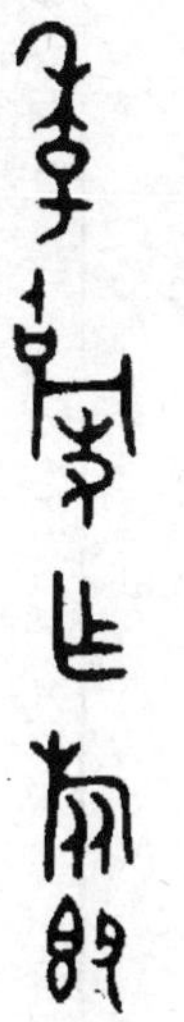

季𩰫乍旅敢

□𦃃敢

□𦃃
乍寶敦

𤇾姬敢

𤇾姬乍
寶尊敢

以上四器並據雪堂藏本人錄

義白作𡡺婦敢

義白乍宴

婦陵姑

吳愙齋中丞藏

叔□父敢一

叔□父乍

[illegible]姬旅敢

愙齋集古錄載叔□父敢凡二十三言與此敢殆

同地同時出土叔下一字愙齋釋器恐未確雪堂

藏此器墨本四紙不能辨其器蓋姑分列之

叔□父敢二

釋同上

叔□父敢三

釋同上

叔□父敢四

釋同上

向敢

釋向作𤔲 尊彝 析子孫

向彝及向卣前人已箸錄而未及此敢析子孫之釋未確然無以易姑從之

作寶敨

乍寶尊敨孫
子其萬秊用

此礜器文字之多者

叔宝敨

叔宝乍寶敨
其萬秊永寶

前七器據雪堂藏本錄

弘敦

弘乍□□彝
用客□□□

齊厌敼一

齊厌乍飤
辜其萬
秊永保用

齊侯敼二

編三金三 敦

釋同上

此二器與諸家著錄漢陽葉氏平安館所藏者異

王驕□敢

王驕□乍寶

敢其萬季永用

案驕卽馭字从馬从丙大鼎作騣此又省攴文

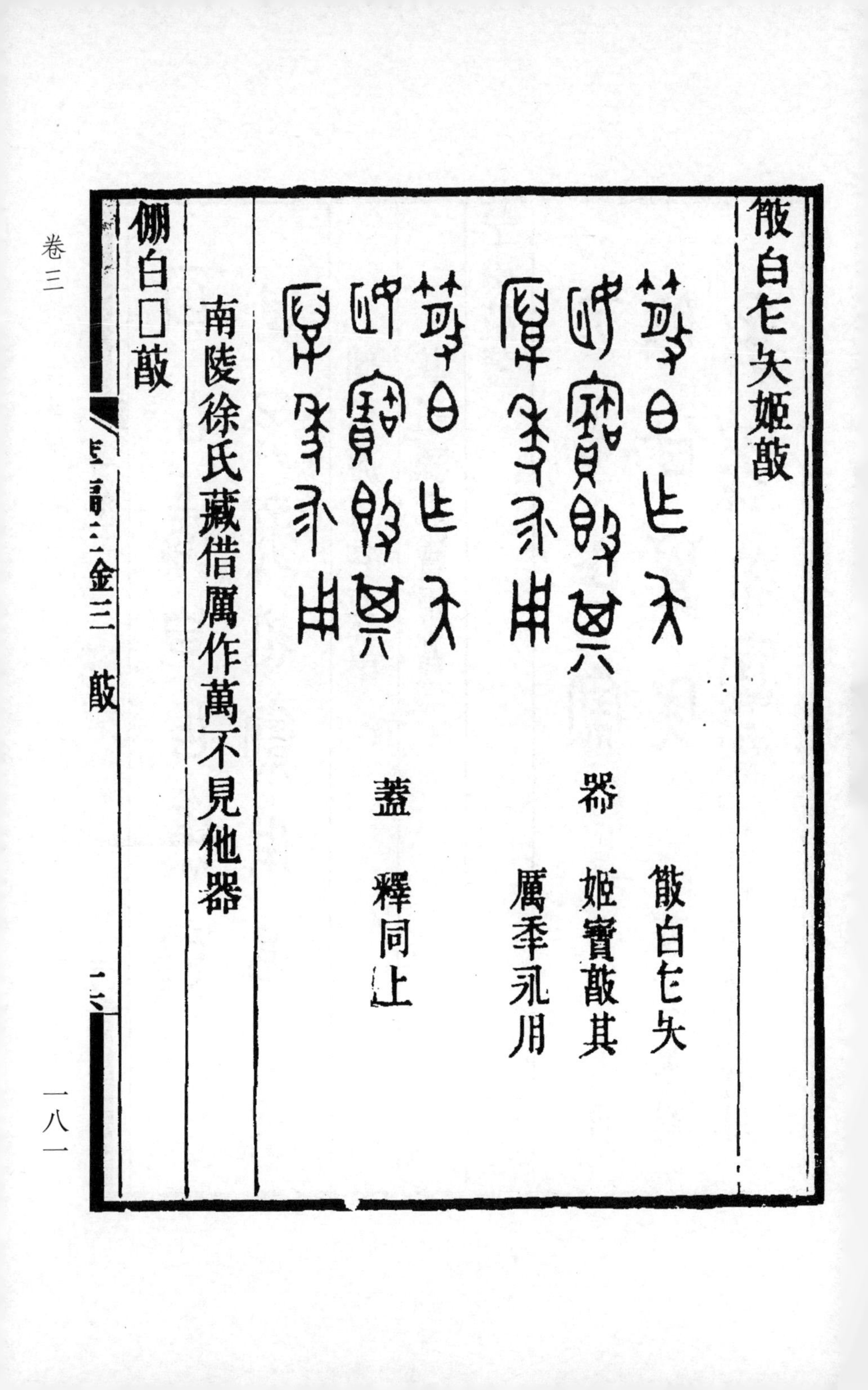

散白乇矢姬敢

散白乇矢
姬寶敢其
萬季永用

器

蓋

釋同上

南陵徐氏藏借厲作萬不見他器

倗白□敢

倗白庴自乍䵼毁

其子孫永寶用亯

倗白庴自乍尊敲

其子=孫永寶用亯

兮中敲蓋

兮中乍寶

敲其萬年

子孫=永寶用

兮中乍寶

敲其萬秊

子=孫=永寶用

白家父作孟姜𣪘

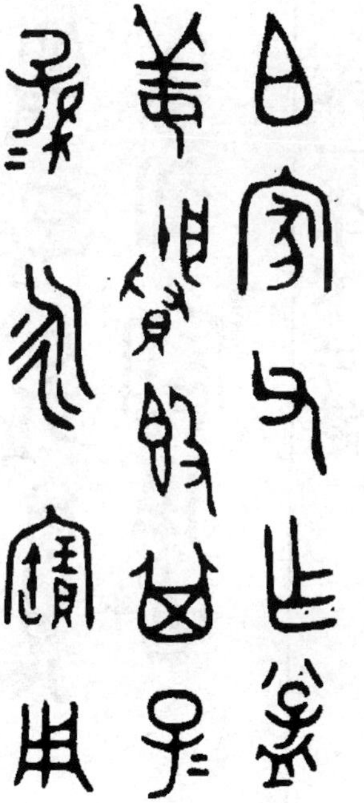

器

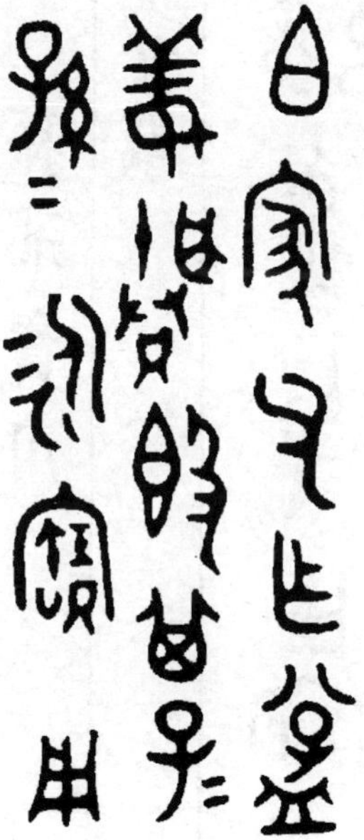

蓋

白家父乍孟

姜賸敢其子二
孫二永寶用

師旲父敢

師旲父乍寶
敢子二孫其萬
季永寶用□

末一字不可識

太僕乍父己敢

太僕乍父己尊敢子孫其邁季永寶用

季□父敢

季□父遡乍寶敢其萬季子孫永寶用

乙公敢

是□乍朕
文考乙公
尊敢子〻孫〻
永寶用□

辰在寅敢

隹十月既生
霸辰在寅□
□自作寶敢其

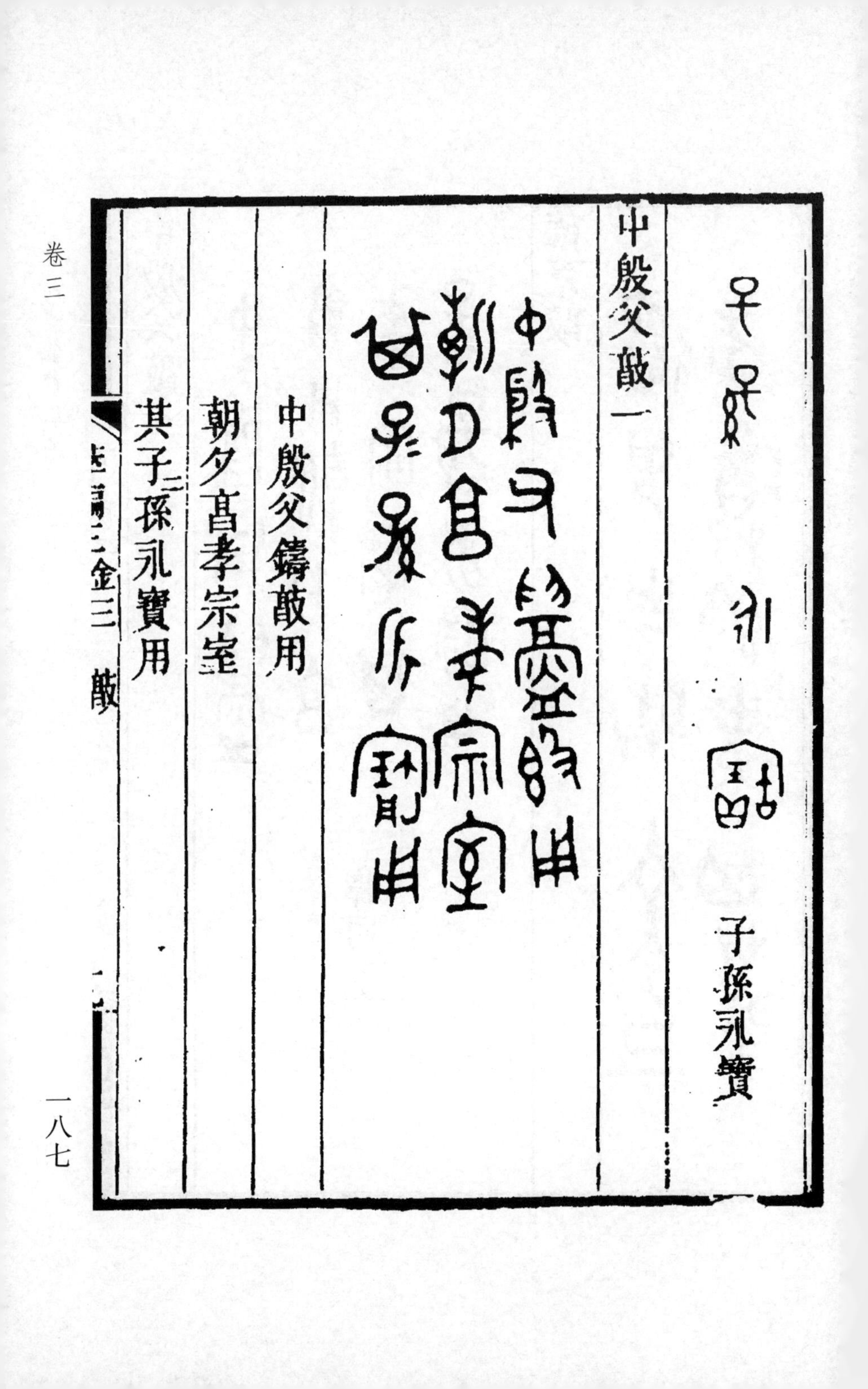

子孫永寶

中殷父敢一

中殷父鑄敢用
朝夕亯孝宗室
其子孫永寶用

中殷父敦二

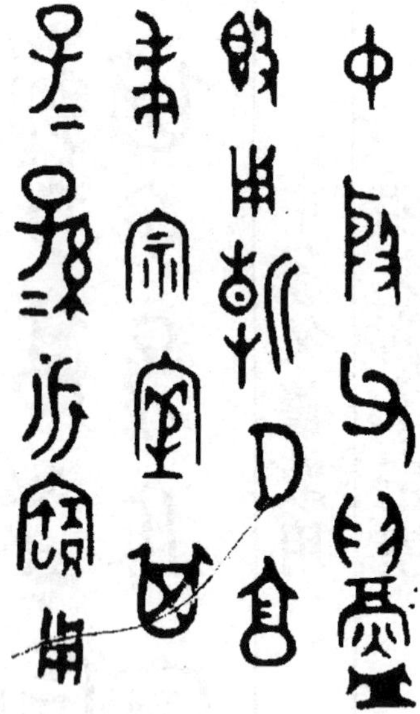

釋同上

德克敦

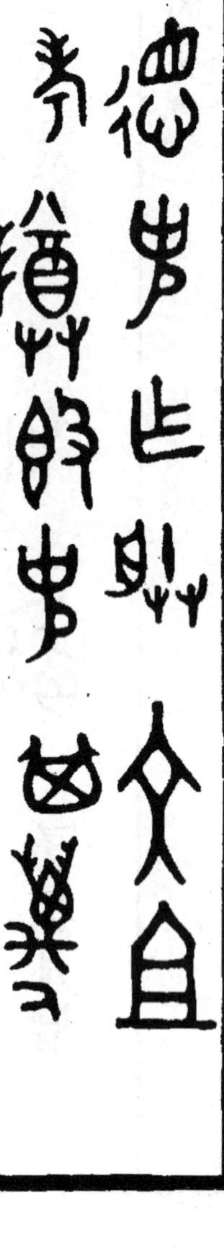

德克乍厥文且

考尊敢克其萬

秊子二孫二永寶用亯

此器近出山西大同之豐鎮歸上虞羅氏

龏孟媿敢

□公子□舍

日叚辛□我

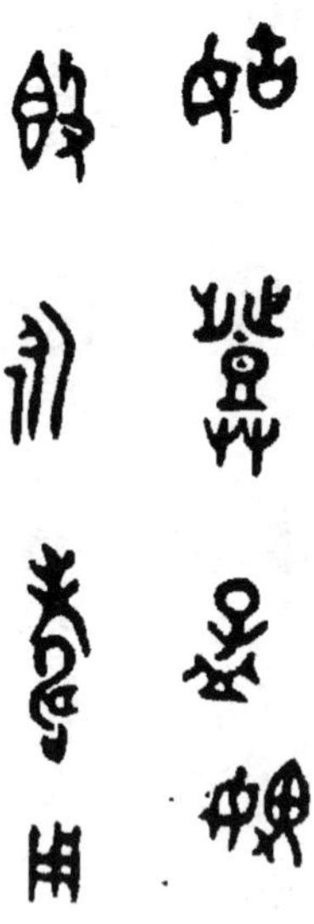

姑發孟媿贉
敼永壽用□

吳彩父敦一

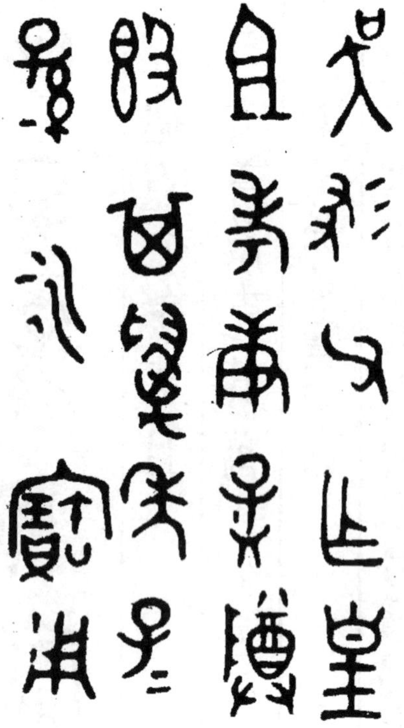

吳彩父乍皇
且考庚孟尊
器
敢其萬季子=
孫=永寶用

蓋
釋同上

吳彭父敦二

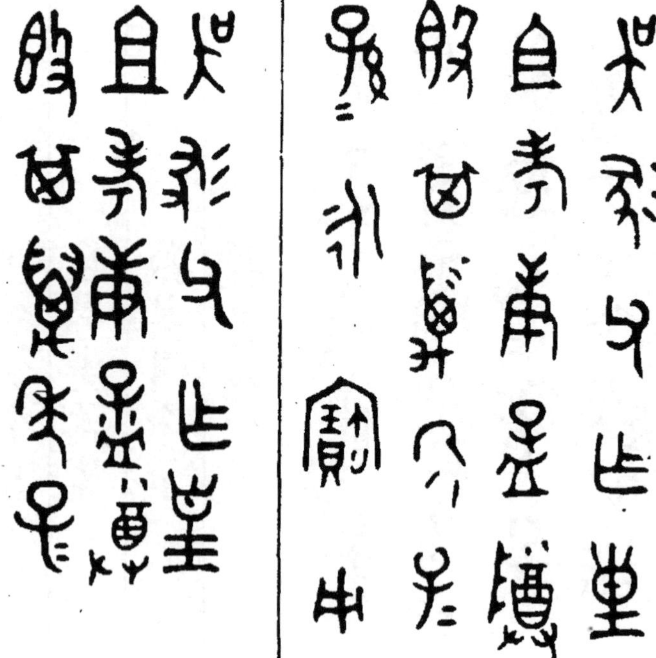

器

上 釋同

蓋

上 釋同

右二器陳氏澄秋館藏彩疑亦豕字彡象其剛鬣

叔□父敢一

叔□父作餴姬
旅敢其夙夜用
亯孝于皇君其
萬年永寶用

叔□父敢二

釋同上

此疑一器一蓋姑分列之

鄭虢中敦一

隹十又一月既生霸庚戌奠

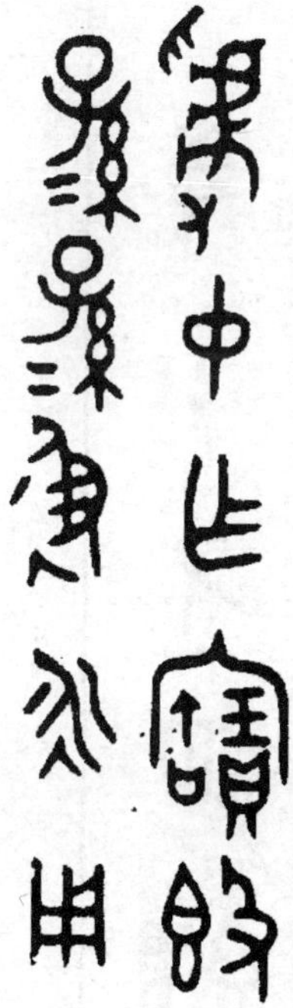

虢中乍寶敢
孫=孫=彶永用

右器

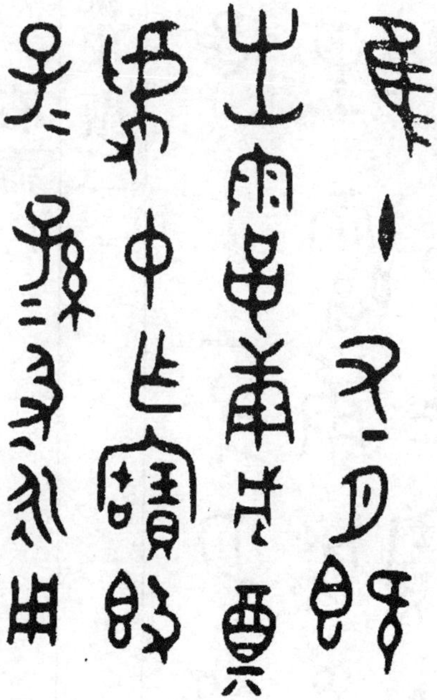

釋同上

右蓋

鄭虢中敨二

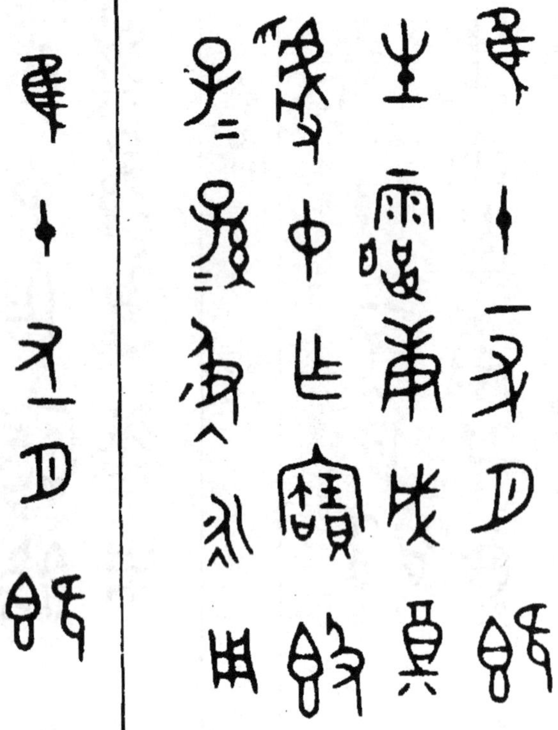

器上

釋同

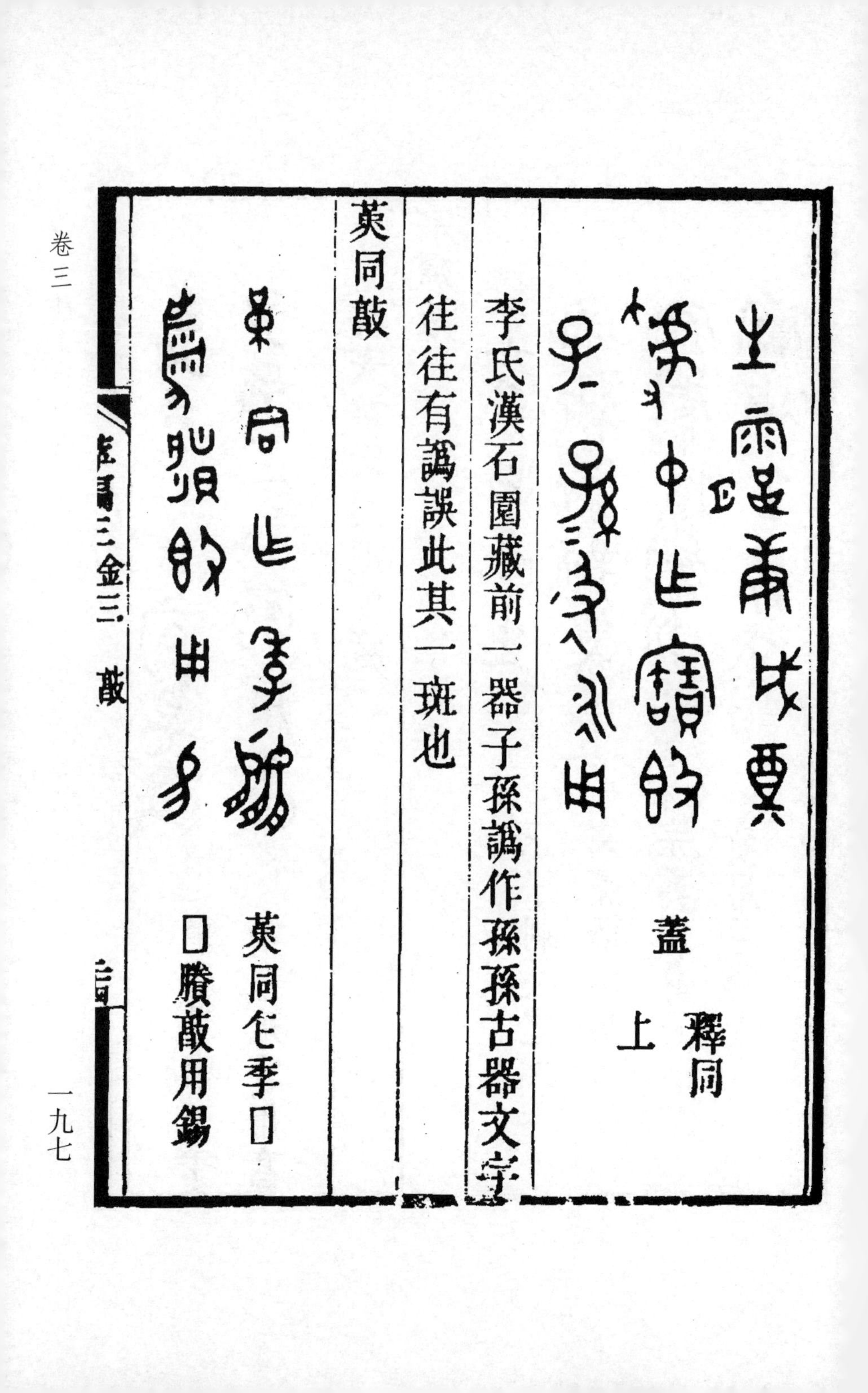

釋同

蓋　上

李氏漢石園藏前一器子孫譌作孫孫古器文字往往有譌誤此其一斑也

奠同敢

奠同乍季□

□賸敢用錫

創壽黃耇萬年
子=孫=永寶用享

歸安姚氏咫進齋藏

宗婦敦

王子剌公之
宗婦鄁嫛爲
宗彝䵼彝永
寶用㠯降大

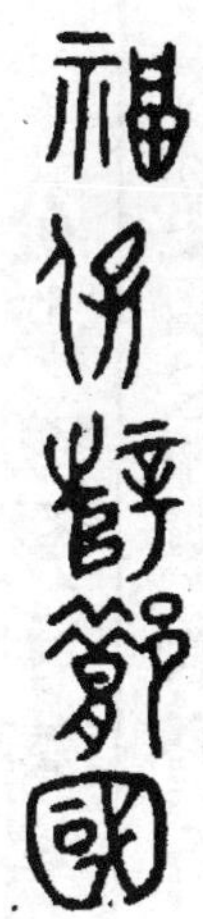

福保辪鄦國

右器

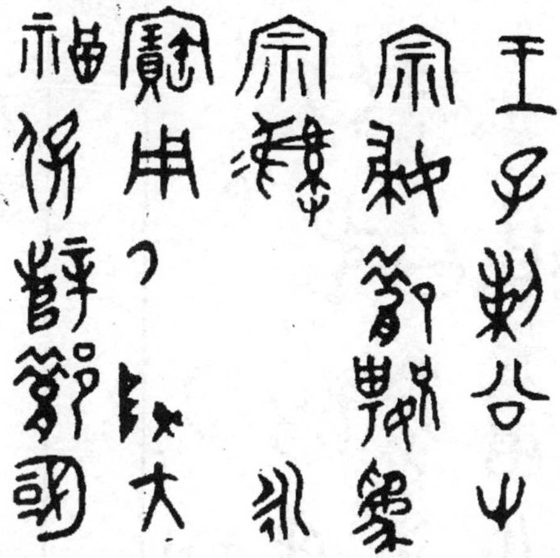

釋同上

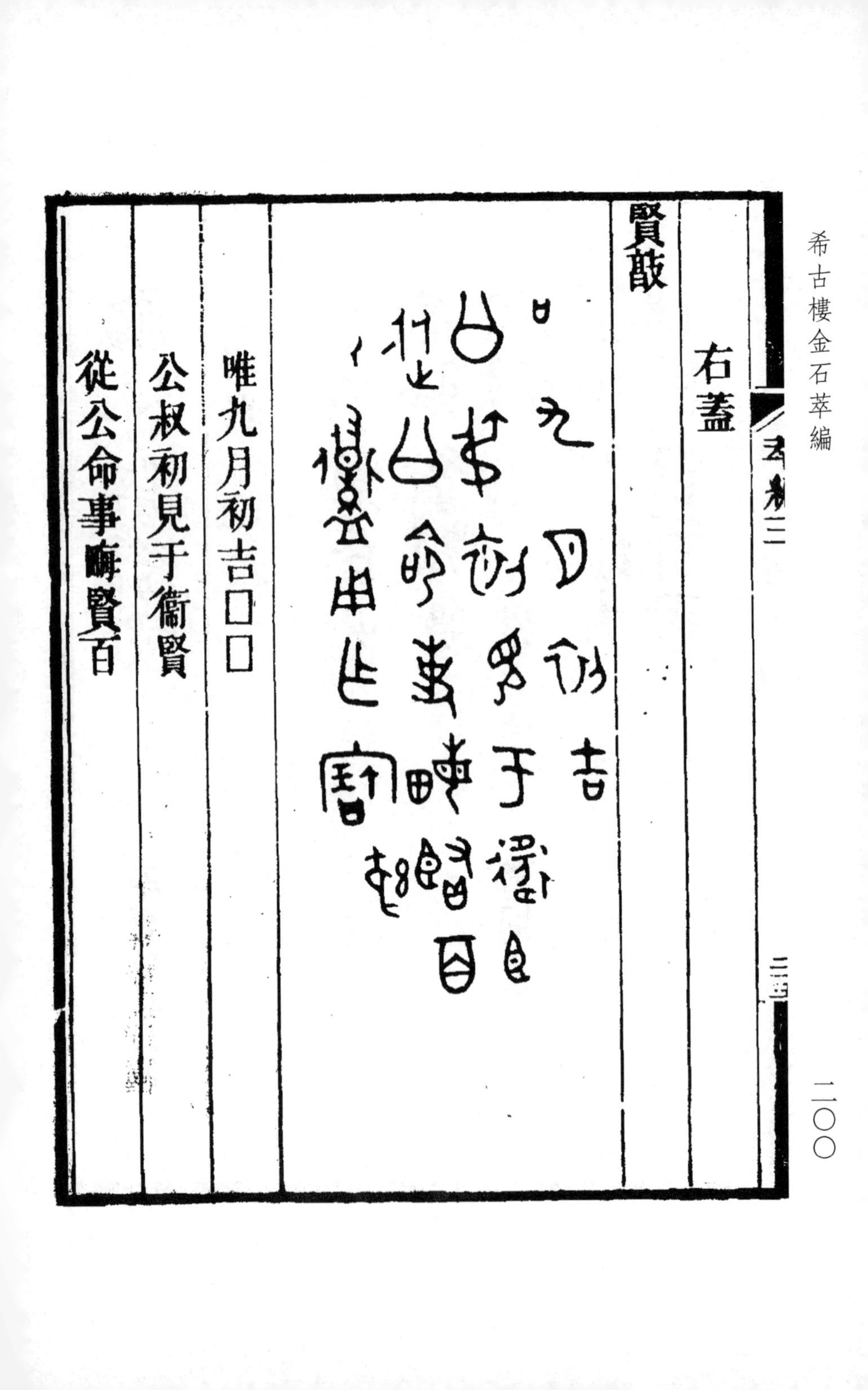

右蓋

賢敦

唯九月初吉□□

公叔初見于衛賢

從公命事晦賢百

□䜌用乍寶彝

光緒戊子出中州𢉖齋著錄二器稱𣪘公叔𣪘

中𠭯父敢

中𠭯父乍朕皇考

遟白王母遟姬尊

敢其萬年子〻孫〻

永寶用享于宗室

南陵徐氏藏積古齋及愙齋所箸錄並與此不同

器

□叔買敦

□叔買自乍尊
敨其用追孝于
朕皇且啻考用
錫黃耇眉壽買
其子二孫二孔寶用亯

同敨一

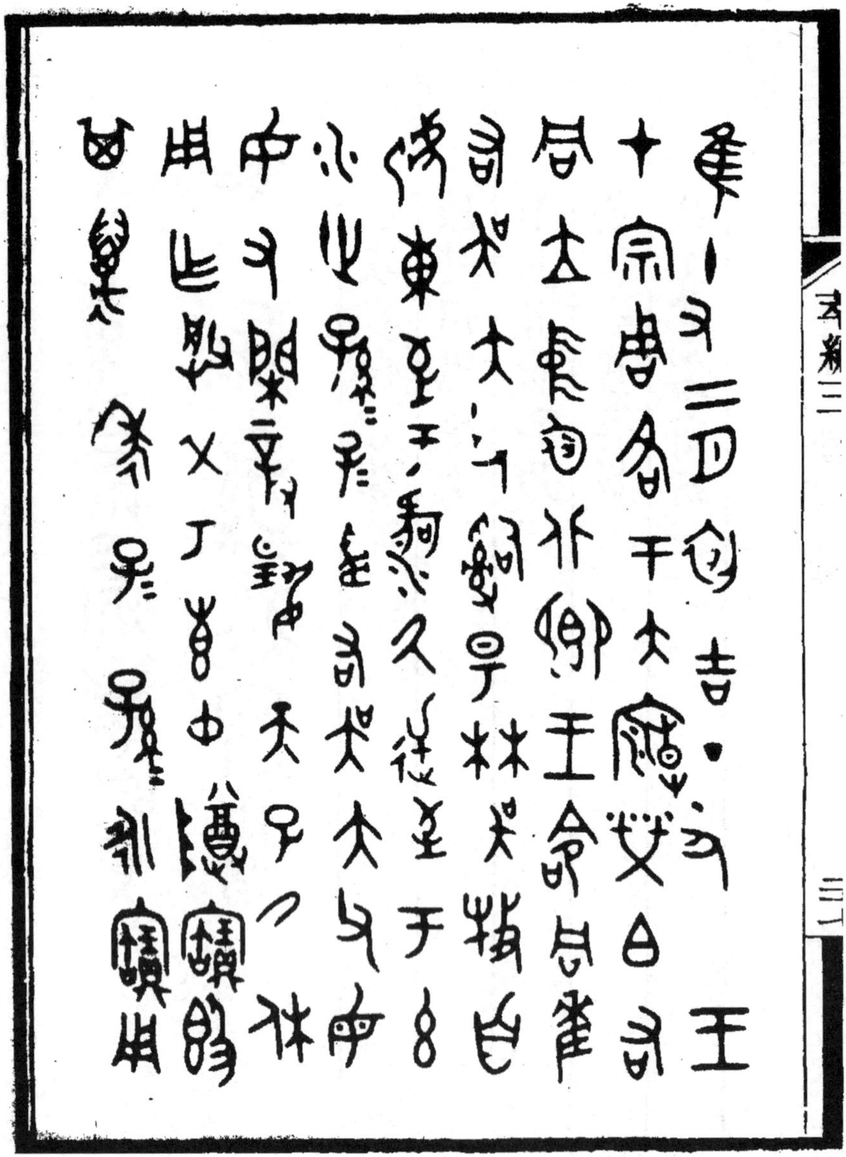

隹十又二月初吉丁丑王
在宗周各于大廟𤼈白右
同立中廷北鄉王命同𡍫
右吳大父𤔲昜林吳牧自
囗東至于囗氒逆至于幺
永世孫=子=𡍫右吳大父母
女又閈對揚天子氒休
用乍朕文考叀中尊寶敼
其萬秊子=孫=永寶用

同敼二

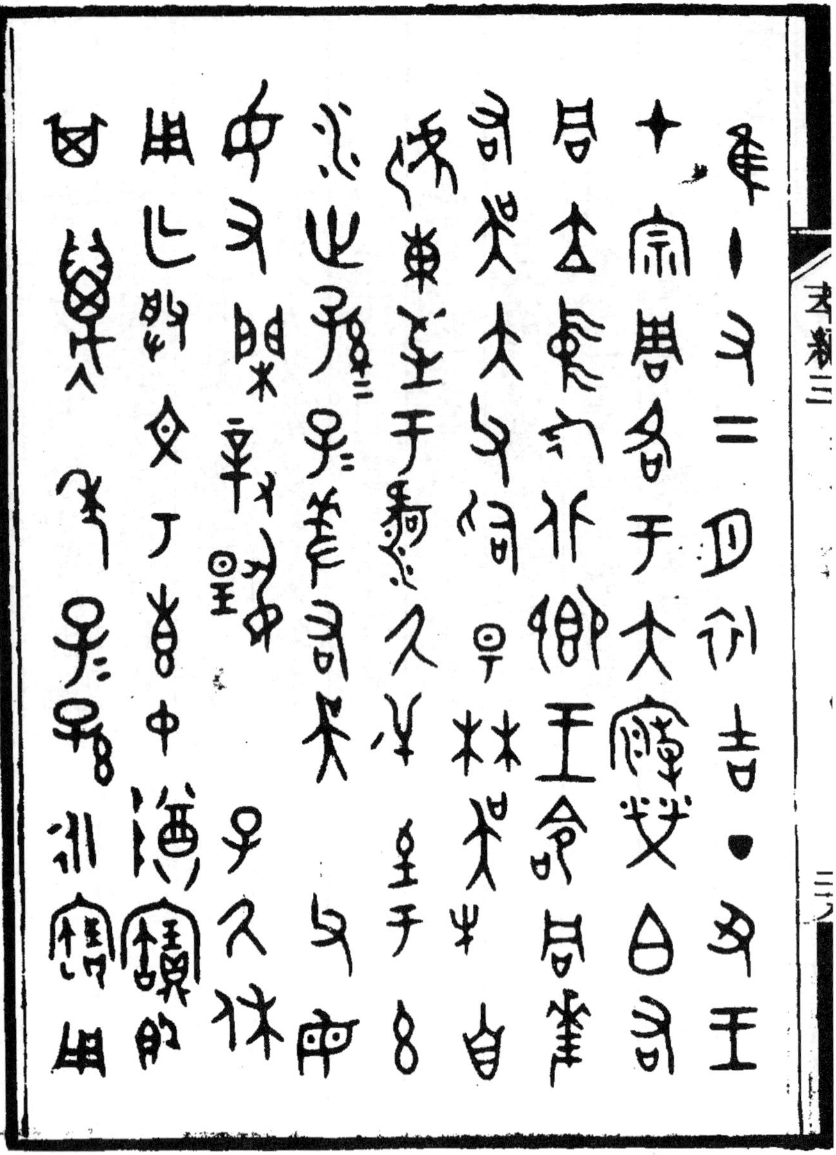

釋同上

丹徒劉氏藏今藏定海方氏

伊敦

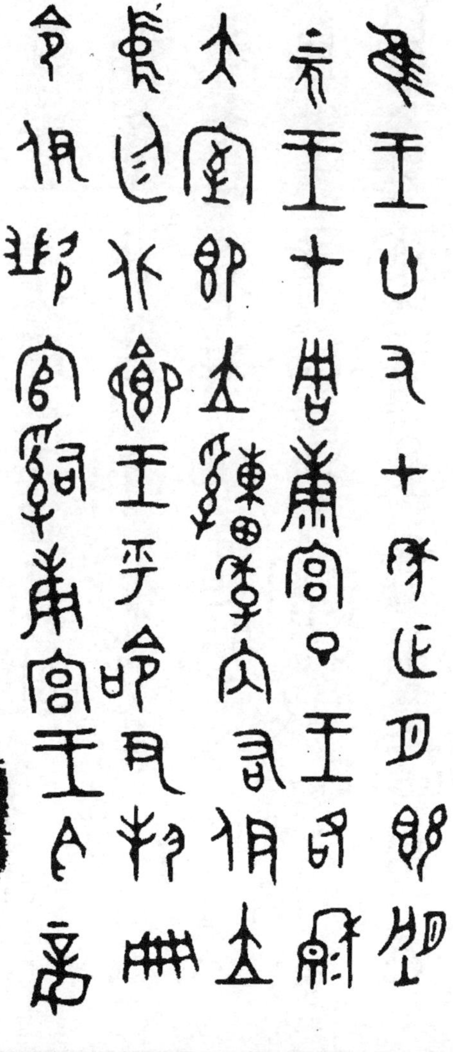

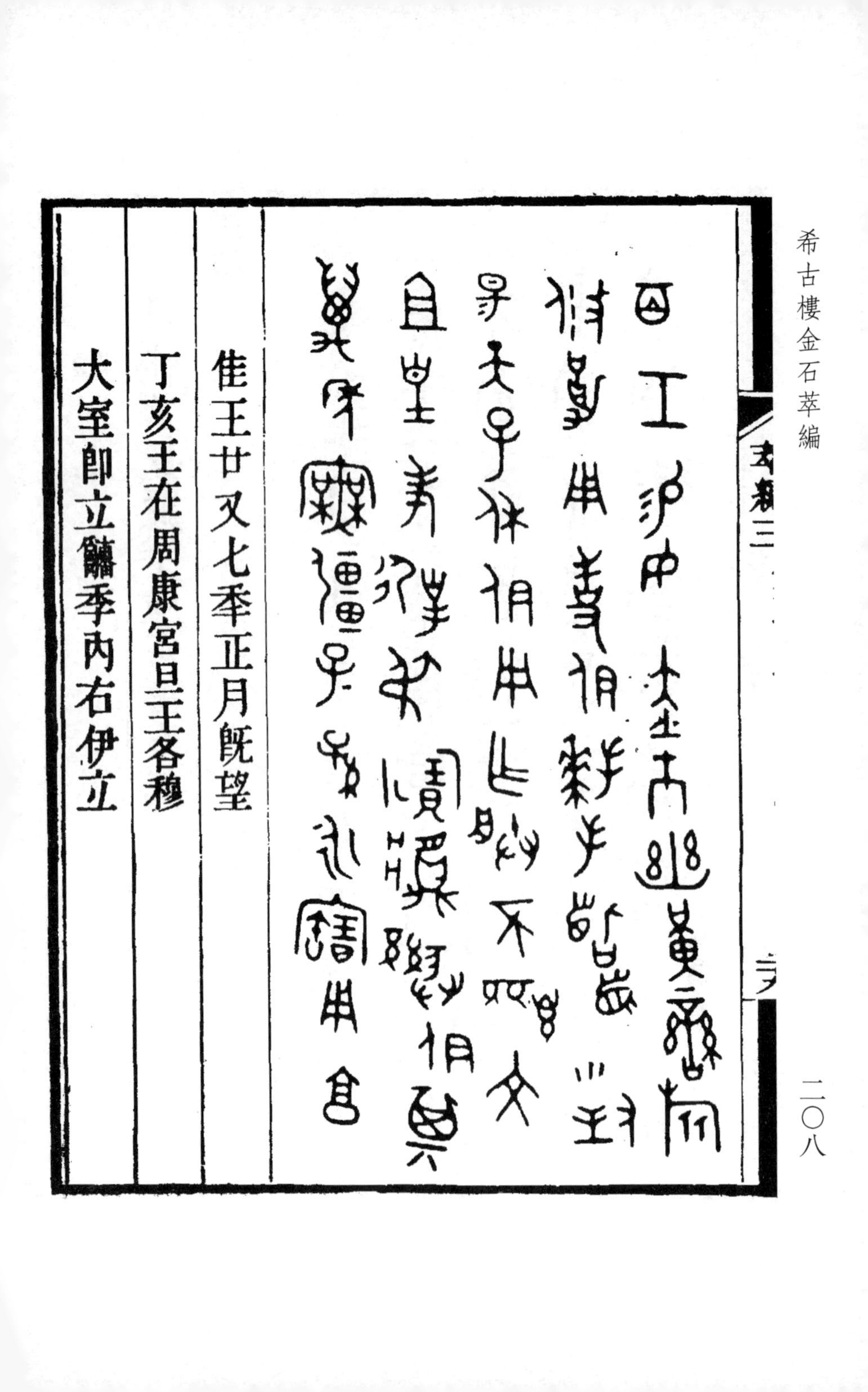

隹王廿又七季正月既望

丁亥王在周康宮旦王各穆

大室卽立𩞀季內右伊立

中廷北鄉王乎令尹□冊
令伊𤔔官飼庚宮王臣妾
百工錫女灻市幽黃䜌旂
攸勒用事伊拜手稽首對
昜天子休伊用乍朕不顯文
且皇考遟叔寶䵼彝伊其
萬季無疆子=孫=永寶用亯

大𣪘蓋

隹十又二年三月既

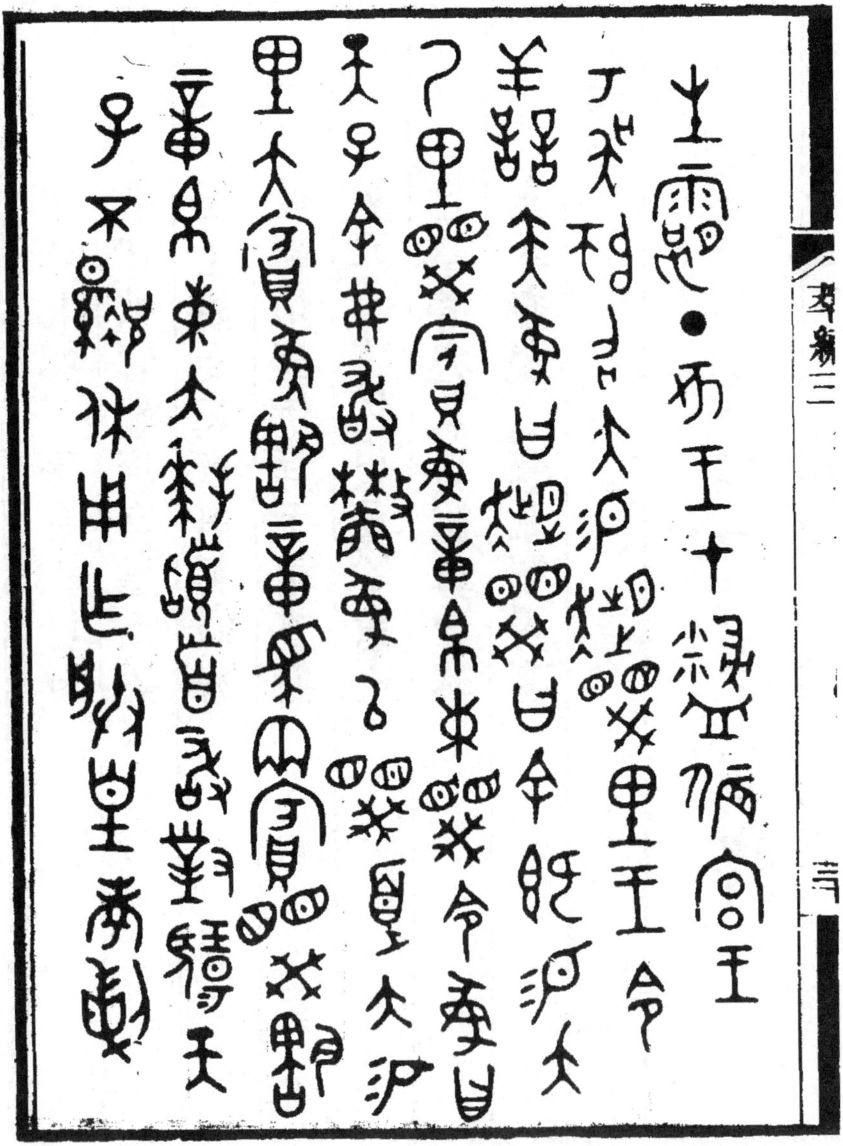

[illegible]

隹十又二秊三月既
生霸丁亥王在𩓣侲宮王
乎吳師召大錫趩嬰里王令
善夫□曰趩嬰曰余旣錫大
乃里嬰賓□章帛束嬰令□曰
天子余弗敢𢡀□㠯嬰□大錫
里大賓□䖵章馬兩賓嬰䖵
章帛束大拜稽首敢對揚天

子不顯休用乍朕皇考剌

白尊敢其子孫永寶用

丹徒劉氏藏近藏廬江劉氏與攈古錄所載陽湖孫氏藏者別是一器文字相同惟孫氏所藏大賓第七行末之賓下重一賓字此器則否

師兌敦一

隹元年五月初吉甲寅王才周各康廟即立同中右師兌入門立中廷王乎內

史尹冊令師兌疋師龢父
𤔲左右走馬五邑走馬易
女乃且巾五黃赤舄兌拜
稽首敢對揚天子不顯魯
休用乍皇且城公𩓝段師
兌其萬年子子孫永寶用

隹元季五月初吉甲寅王

在周各康廟即立同中右

師兌入門立中廷王乎內
史尹册令師兌正師龢父
嗣左右走馬五邑走馬錫　器
女乃且巾五黃赤舄兌拜
稽首敢對揚天子不顯魯
休用乍皇且𨟻公䵼𣪘師
兌其萬年子子孫孫永寶用

隹元年五月初吉甲寅王
在周各康廟即立同中右

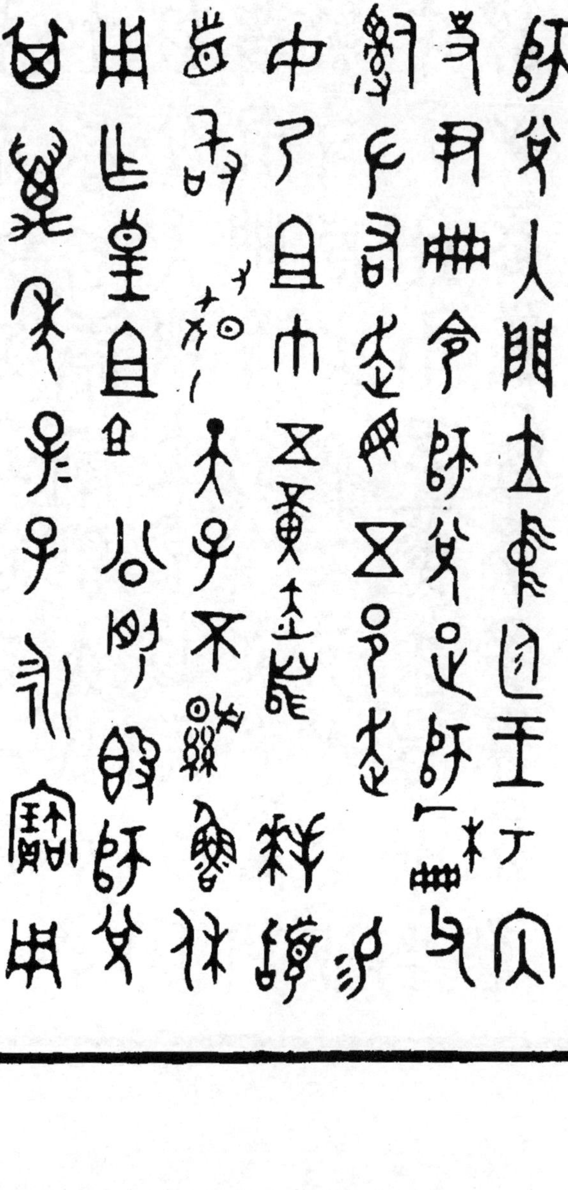

蓋 釋同上

黃縣丁斡甫舍人樹楨藏

師兌敦二

隹元年五月初吉甲寅王
才周各康廟即立同中右
師兌入門立中廷王乎內
史尹冊令師兌疋師龢父
𤔲左右走馬五邑走馬易
女乃且巾五黃赤舄兌拜
䭫首敢對揚天子不顯魯

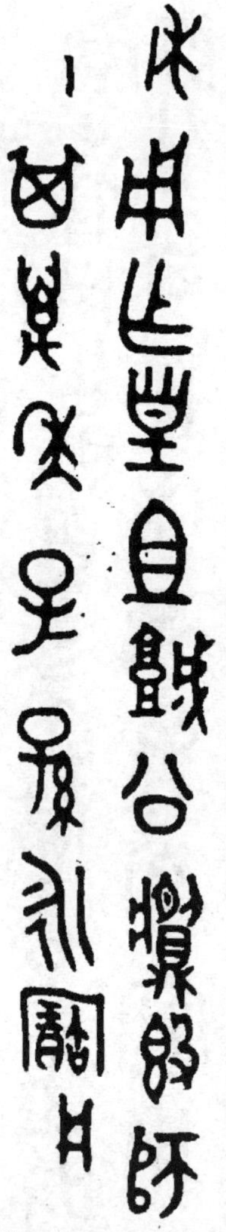

釋同上

此器中[illegible]字誤作[illegible]

師兌敦三

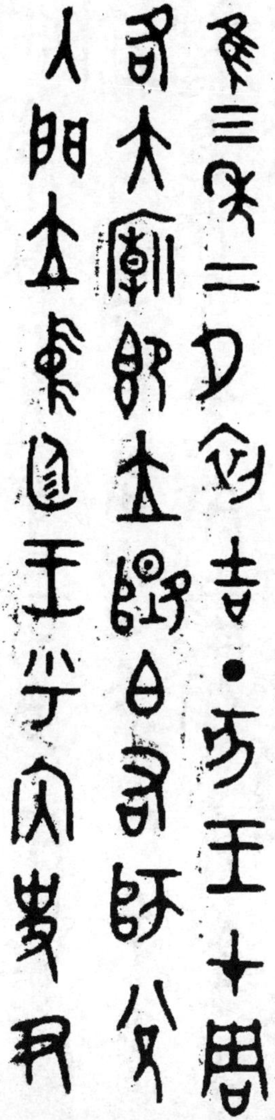

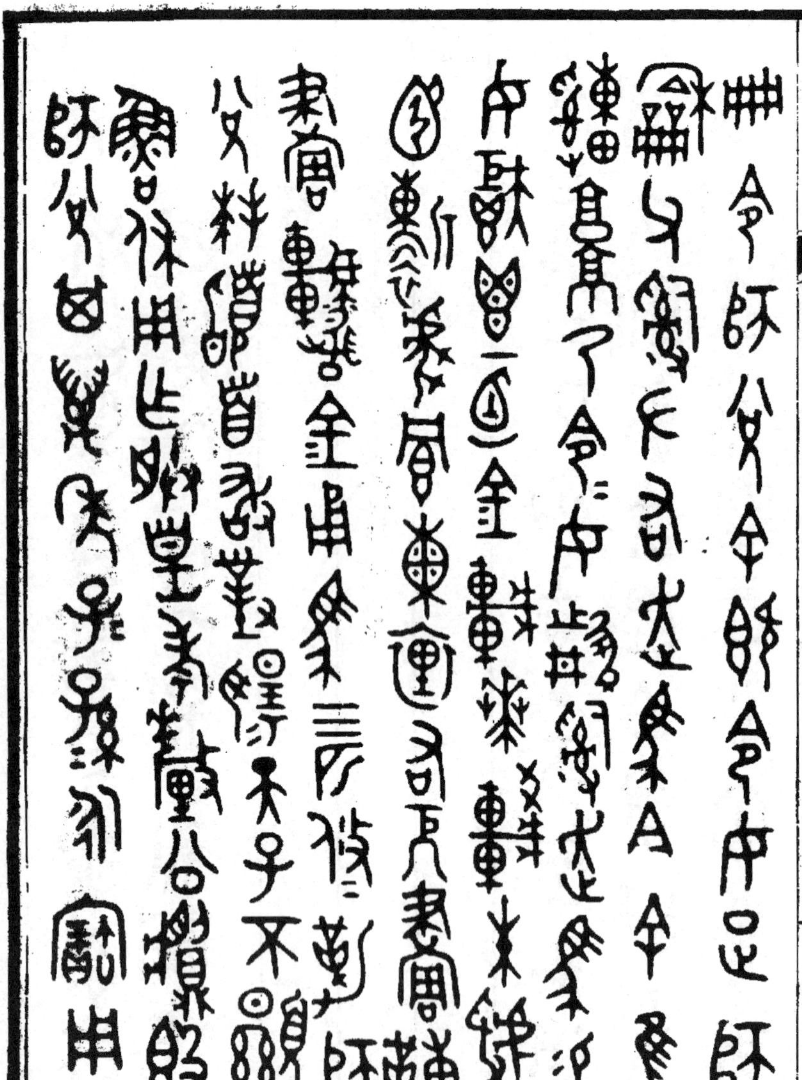

隹三季二月初吉丁亥王在周

各大廟即立𨛨白右師兌

入門立中廷王乎內史尹

冊令師兌余既令女疋師

龢父嗣左右走馬今余隹

𤕌𩫏乃令=女□嗣走馬錫

女𩰪鬯一卣金車桒較朱虢

□□虎𩎟熏裏右□畫轉

畫䡇金甬馬三匹攸勒師

兌拜稽首敢對揚天子丕顯

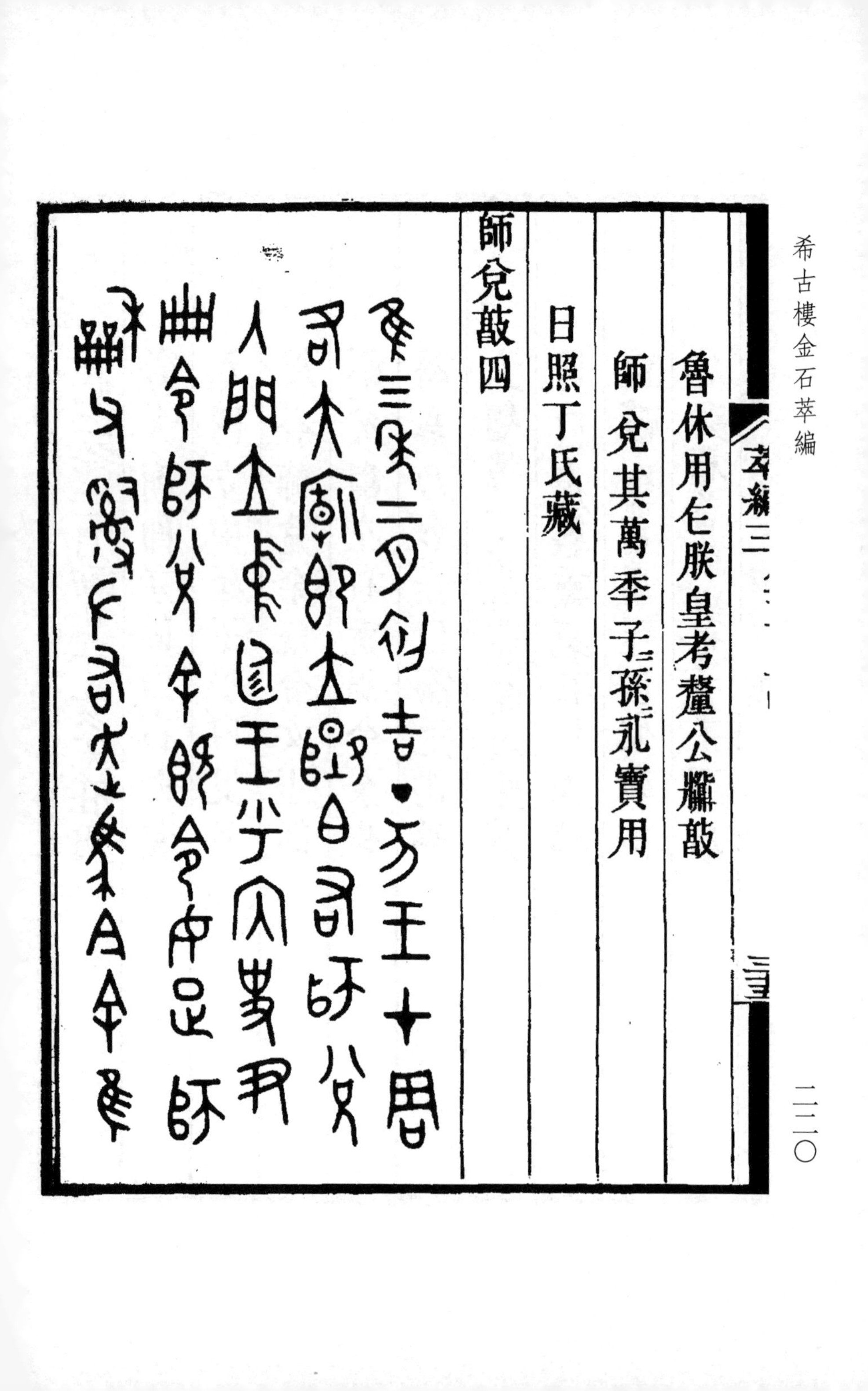

魯休用乍朕皇考釐公䵼敦

師兌其萬秊子=孫=永寶用

日照丁氏藏

師兌敦四

師兌敢五

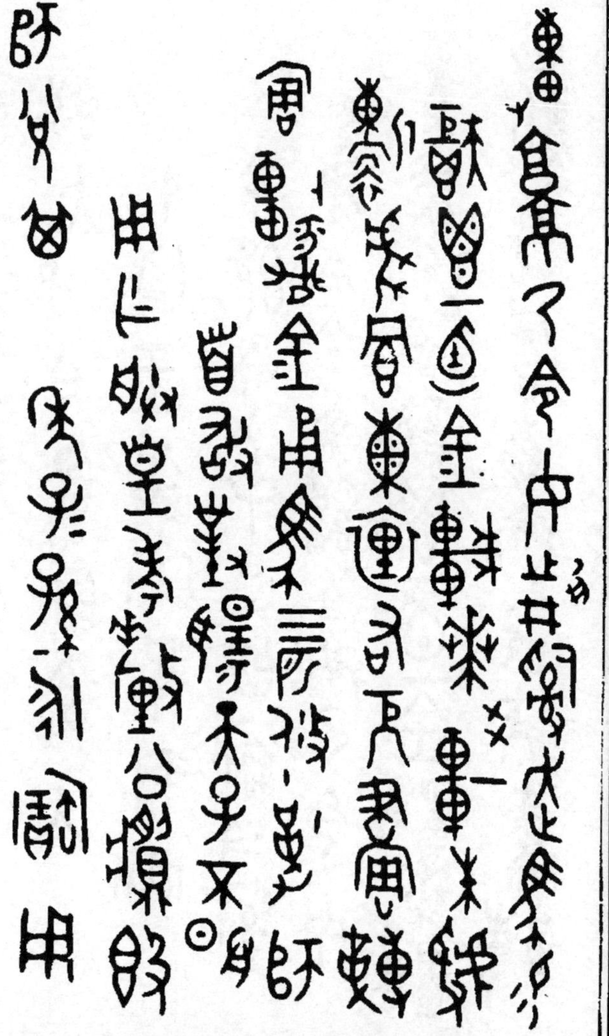

釋同上

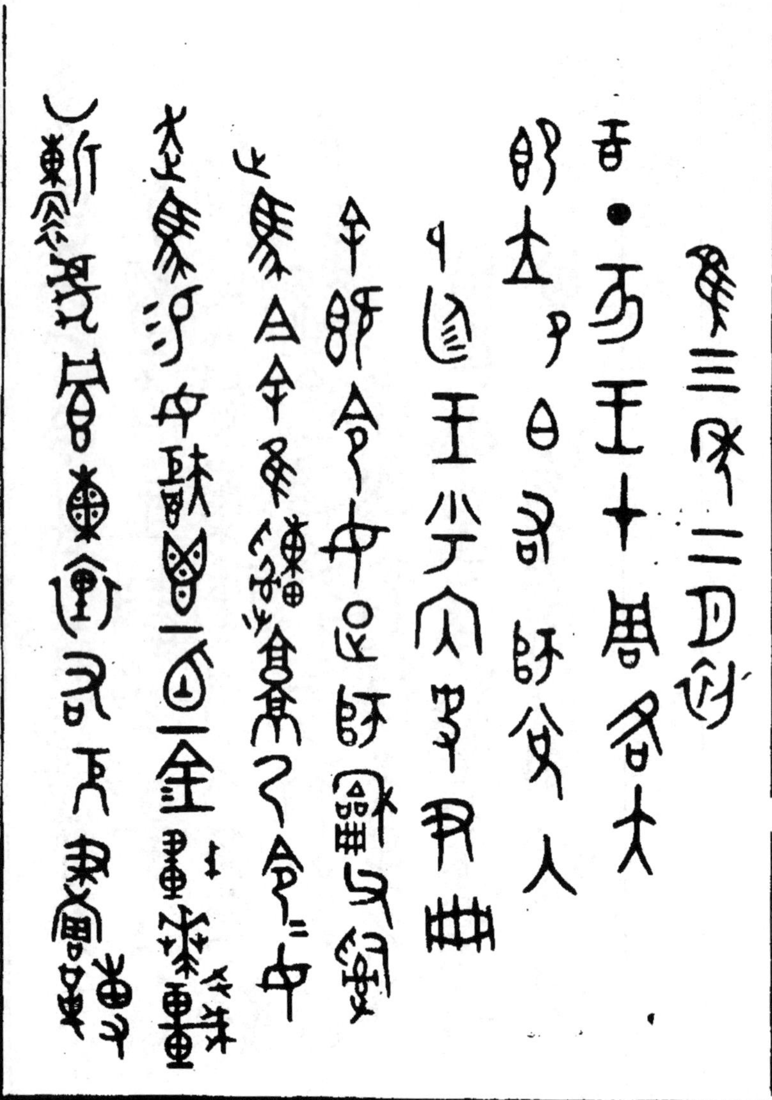

釋同上

日照丁芾臣太守藏

頌敦

隹三年五月既死霸甲戌

王才周康卲宮旦王各大

室即立宰引右頌入門立

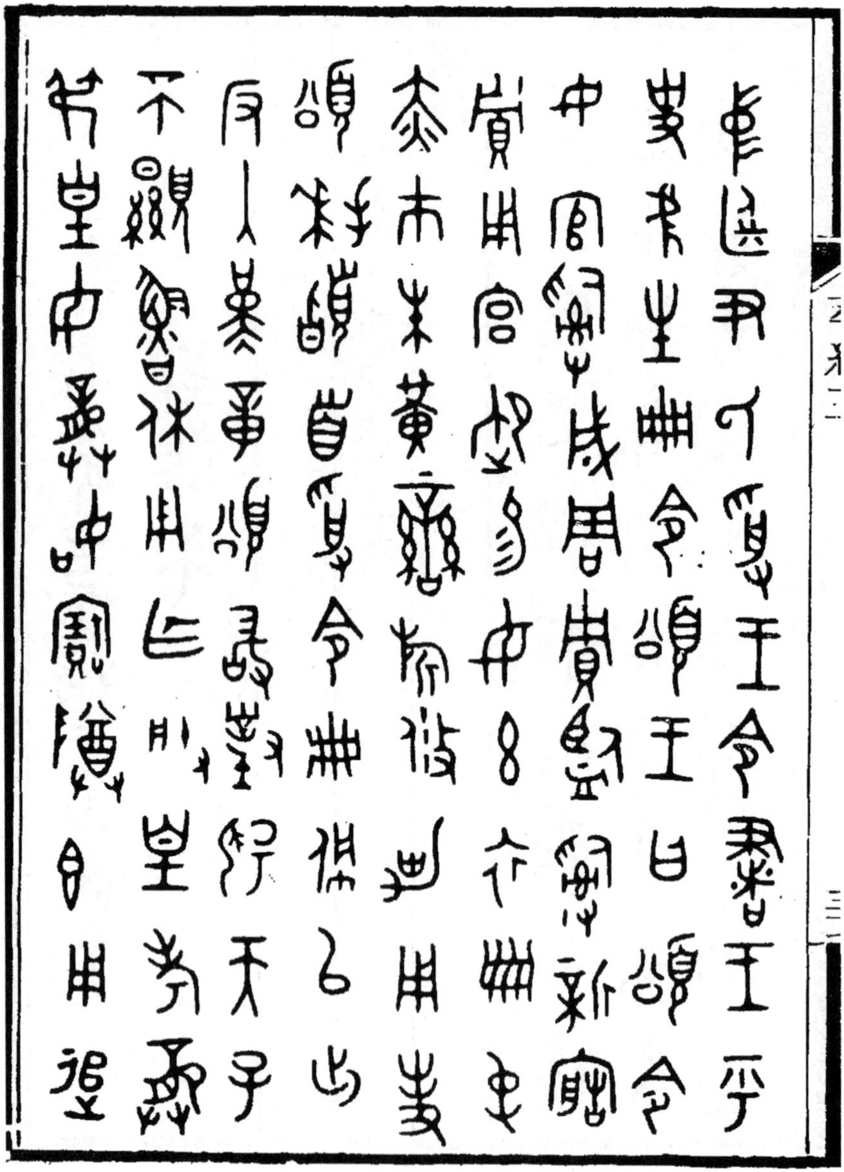

孝祈匄康𧽊屯右通彔永
令頌其萬年眉壽無疆畯
臣天子霝冬子孫永寶用

隹三季五月既死霸甲戌
王在周康卲宮旦王各大
室即立宰弘右頌入門立
中廷尹氏受王令書王乎
史虢生册令頌王曰頌令
女官𤔲成周貯監𤔲新寤

貯用宮御錫女幺衣□□
衣市朱黃緣旂攸勒用事
頌拜稽首受令册佩吕出
反入蒐章頌敢對敭天子
不顯魯休用乍朕皇考龔
叔皇母龔始寶尊敢用追
孝蘄匄康虔屯右通彔永
命頌其萬秊眉壽無疆畯
臣天子霝終子孫永寶用
頌敢傳世者數器惟此器未箸錄

希古樓金石萃編卷三

希古樓金石萃編卷四

吳興劉承幹撰

金　彝器款識四

彝

作寶彝一

乍寶彝

作寶彝二

釋同上

彝與敦一物故形制略同但大小異耳宋人以敦之小者爲彝後世沿其稱其實非也今傳世諸器有今人定其形制爲彝而銘文明著敦字此其確證也夢郼艸堂吉金圖錄載白作寶敦其制卽今人以爲彝而銘文明稱敦者舉一以示例茲姑沿前人之例標名曰彝而著其說以正之

𠂤旅彝

𠂤從彝

羅參事說從彝之從卽旅字古器中旅字或加辵此則去㫃而箸辵耳形與隨從字同而實否

君妻子彝

子彝

君妻

左讀妻字反書

用彝

用乍寶彝

叔彝

叔乍
姤尊

右二器丹徒劉氏舊藏今不知歸何許叔上有〻
疑非文字也

霸姞彝

霸姞乍
寶尊彝

伊生彝

文尊彝

伊生乍公

橅範誤反致成左讀古器中恆有之

冘彝

隹六月初吉王才奠●丂

王各大室井叔右冘王蔑

冘曆令史懋易冘载市冋

黄冘拜手稽首王休用乍

尊彝宂其萬年永寶用

隹六月初吉王在奠丁亥

王各大室井叔右宂王蔑

宂曆令史懋錫宂載市冋

黃乍嗣工對揚王休用乍

尊彝宂其萬季永寶用

此彝阮氏積古齋著錄譌誤甚多首行初誤篆作以與匄相似而釋文則作初次行末失蔑字三行曆誤作甘懋誤作楙載市之市誤作巿而誤釋作

朿同黃之冋誤釋同吳閣學攈古録從積古箸録

傳榏故譌誤均同惟𠙶黃釋同黃不作同耳爰重

榏箸録而訂正之

簠

[illegible]君□簠

[illegible]君□

之飤匿

從舊拓本録入

曾子遇簠

曾子遷
之行匜

此器己未見之都肆乃出土未久者

白犮父簋

白犮父乍旅
匜用倗旨飤

白矩簋

白下一字上从犮下半有滅損不可識

白矩自乍食匿

其邁季孔寶用

吳愙齋中丞藏

□君子□簠一

器

□君子□

肇作寶簠

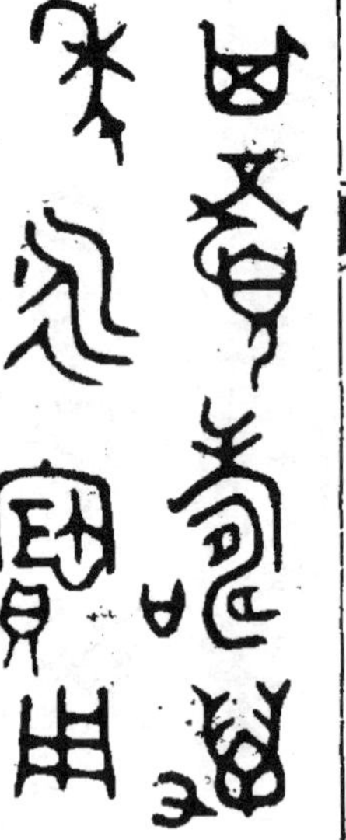

其眉壽萬
年永寶用

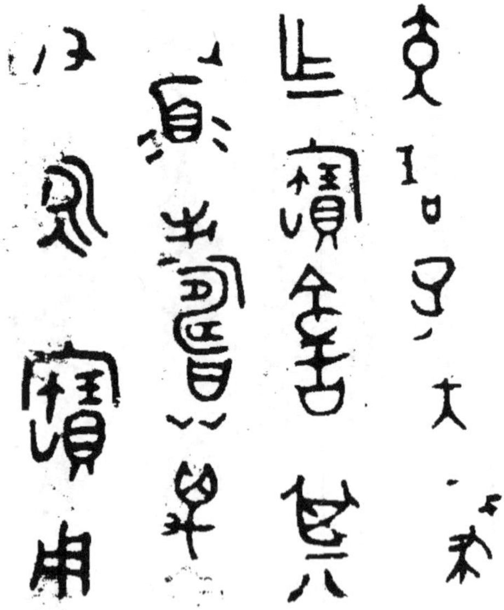

蓋

釋同
上

此器光緒中葉出土二簠外尚有壺一鼎一𨥨象簠上會下器之狀或增从匚又或从匚从古或又作祜見白其父鏖簠作匲都公緘簠許書載簠之古文作医从匚从夫未嘗見之金文中也又許君言簠方而簠圓周禮舍人注則方曰簠圓曰簋今以傳世古器驗之則禮注是而許君誤附識於此以正之

□君子□簠

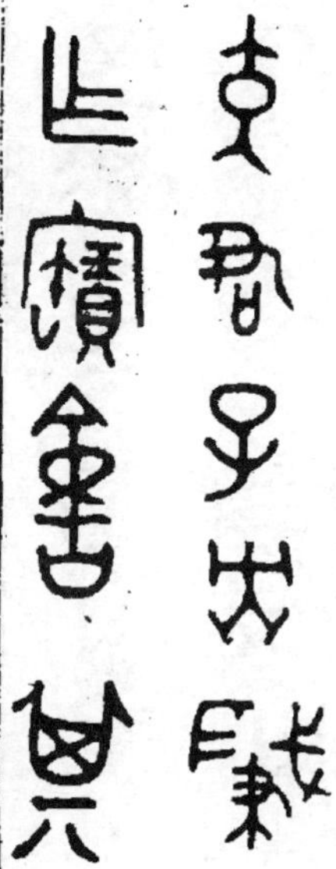

釋同

山左丁氏陶齋藏

□叔乍吳姬簋

□叔乍吳姬
尊簠其萬季
子孫永寶用

文中匡字逆書簠古亦稱匡叔家父簠作叔家父作仲姬匡史宂簠作史宂乍旅匡師麻斿叔簠師麻斿叔乍旅匡尹氏簠尹氏貯良乍旅匡是也此作匵又增金爲異耳

商邱叔簠一

商邱叔乍其
旅匡其萬季
子子孫孫永寶用

商邱叔簠二

釋同上

福山王氏藏此二品疑是一器一蓋姑分列之

冂厌作叔姬簠

冂厌乍叔
姬寺男媵

匽子子孫孫永寶用享

匽子子孫永寶用享

𡔖即男字男从力田此从𡔖者猶師酉𣪘勒从力王子申盞沇兒鐘邾公鐘中嘉从力是其例也雪堂金石跋尾

此器傳世二品一藏上虞羅氏一歸海東此器乃流出海東者也

鑄子叔黑頣簠一

鑄子叔黑頣

鑄子叔黑

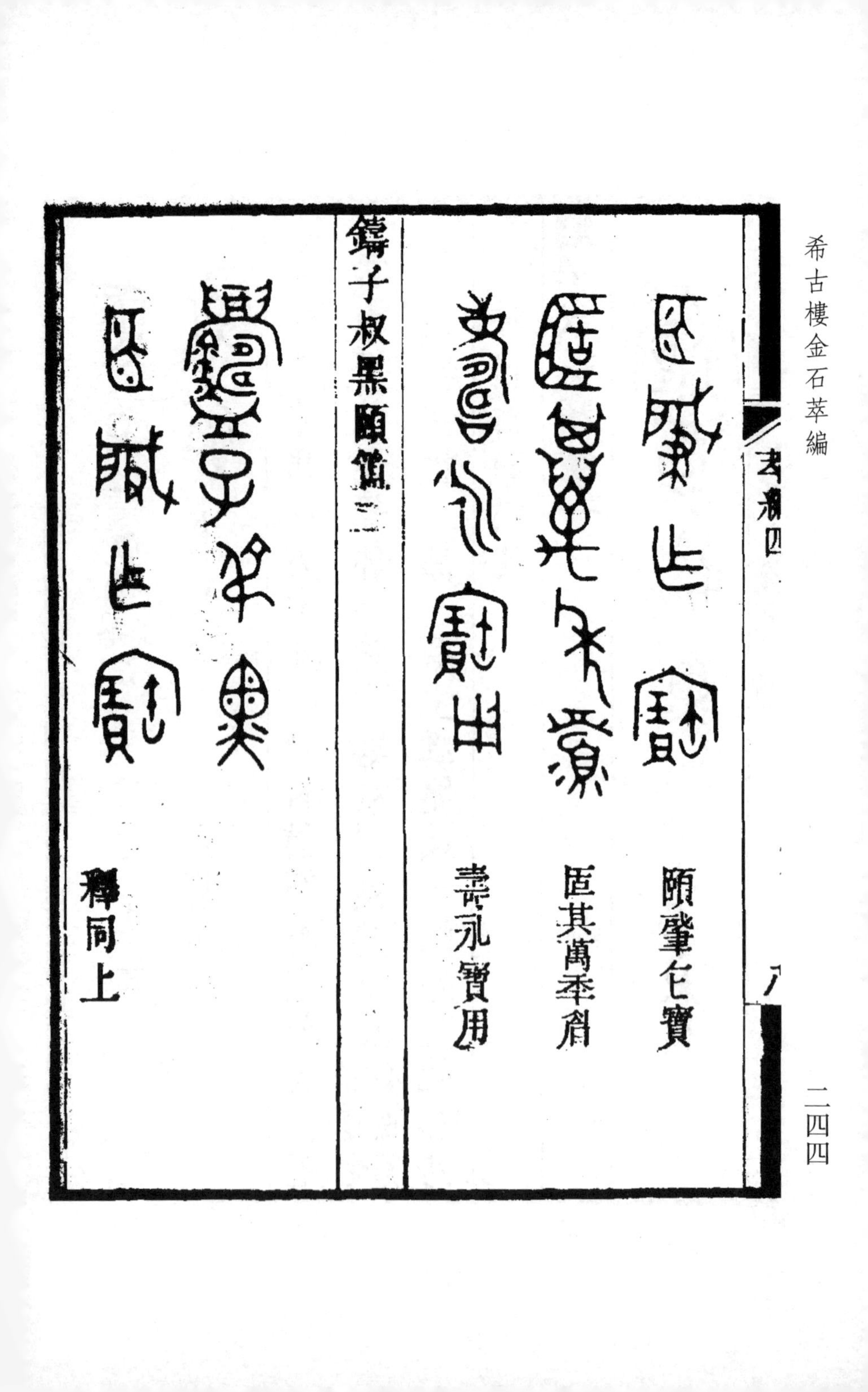

頤肇乍寶
匡其萬季眉
壽永寶用

鑄子叔黑頤簠二

釋同上

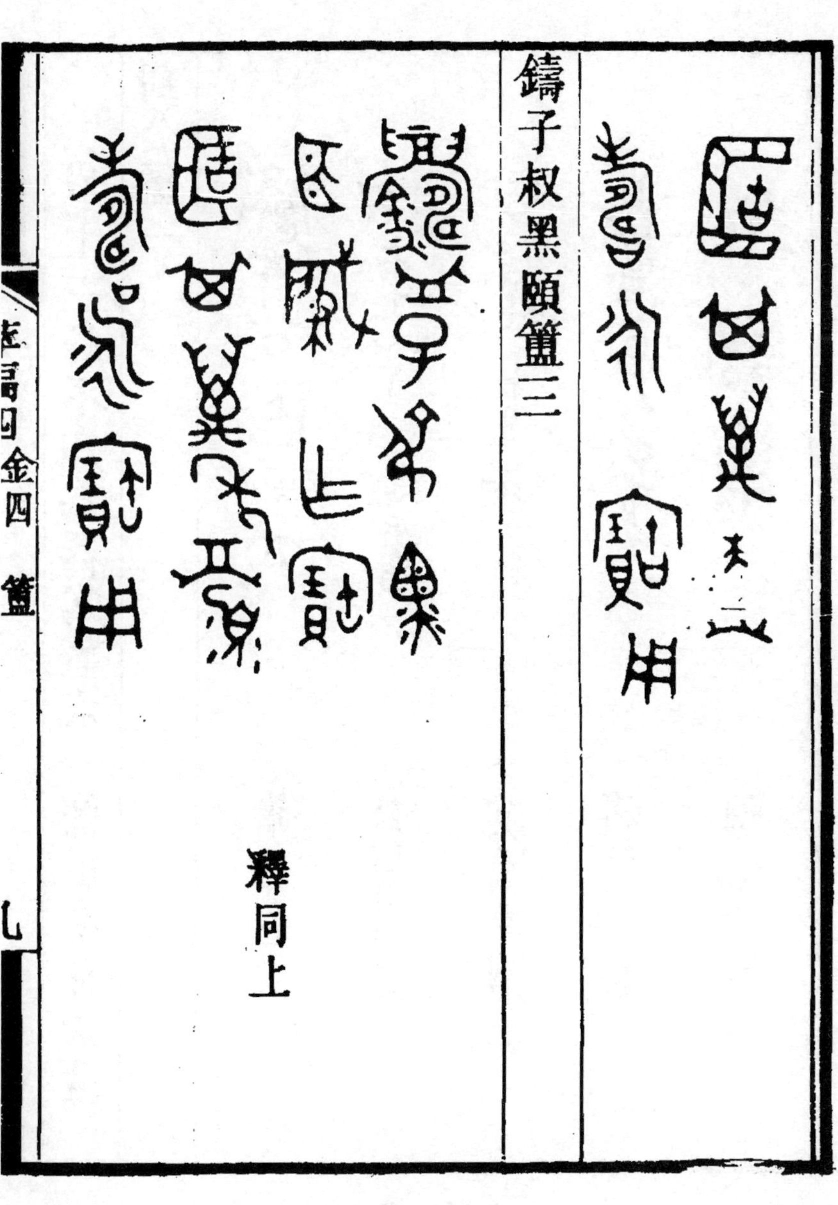

鑄子叔黑頤簠三

釋同上

以上三品不知爲器爲蓋末一器山左孫氏藏

鑄公簠一

鑄公乍孟

妊車母朕簠

其萬季眉

壽子二孫二

永寶用

此器今流出海東妊从女从玉不可識朕變从

爲

鑄公簋二

釋同上

[seal script]

番君召簠

番君召乍饙

匿用亯用孝

用𧍏眉壽子=

孫永寶用之

此器前人稱留君簠𤰈上从𠂢決非留字石鼓文

旛作[illegible]从番與此略同釋番爲安

曾侯作叔姬簠

叔姬霝乍黃邦

曾侯乍叔姬邛

嬭媵器𪚸彝其

子〻孫〻其永用之

山左丁氏匋齋藏

簋

中義父簋

器

中義父乍旅簋其永寶用 羊

盖 釋同上

吳愙齋中丞藏

中義父簋二

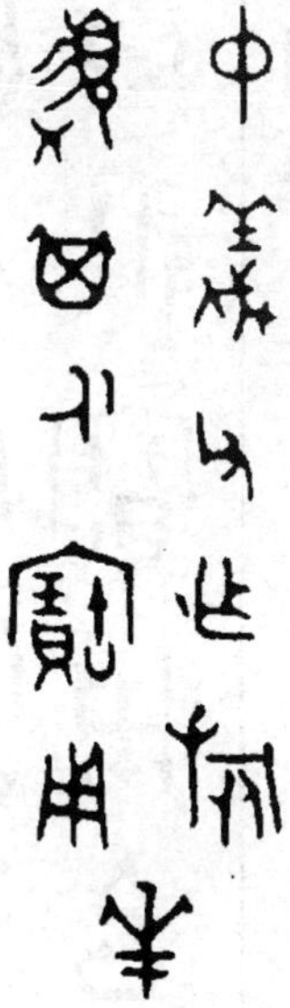

釋同上

奠登叔簋

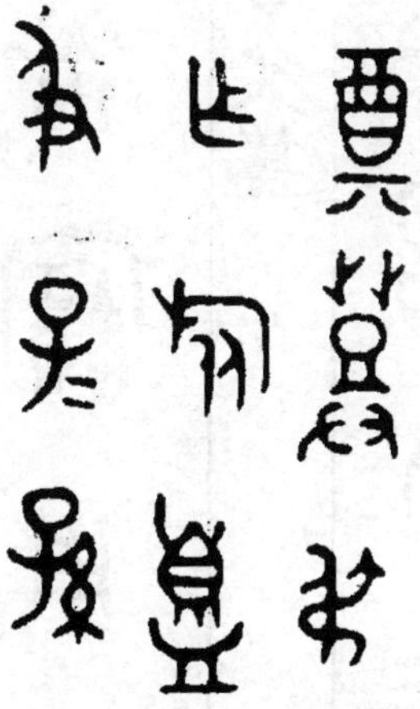

奠登叔
乍旅簋
及子=孫

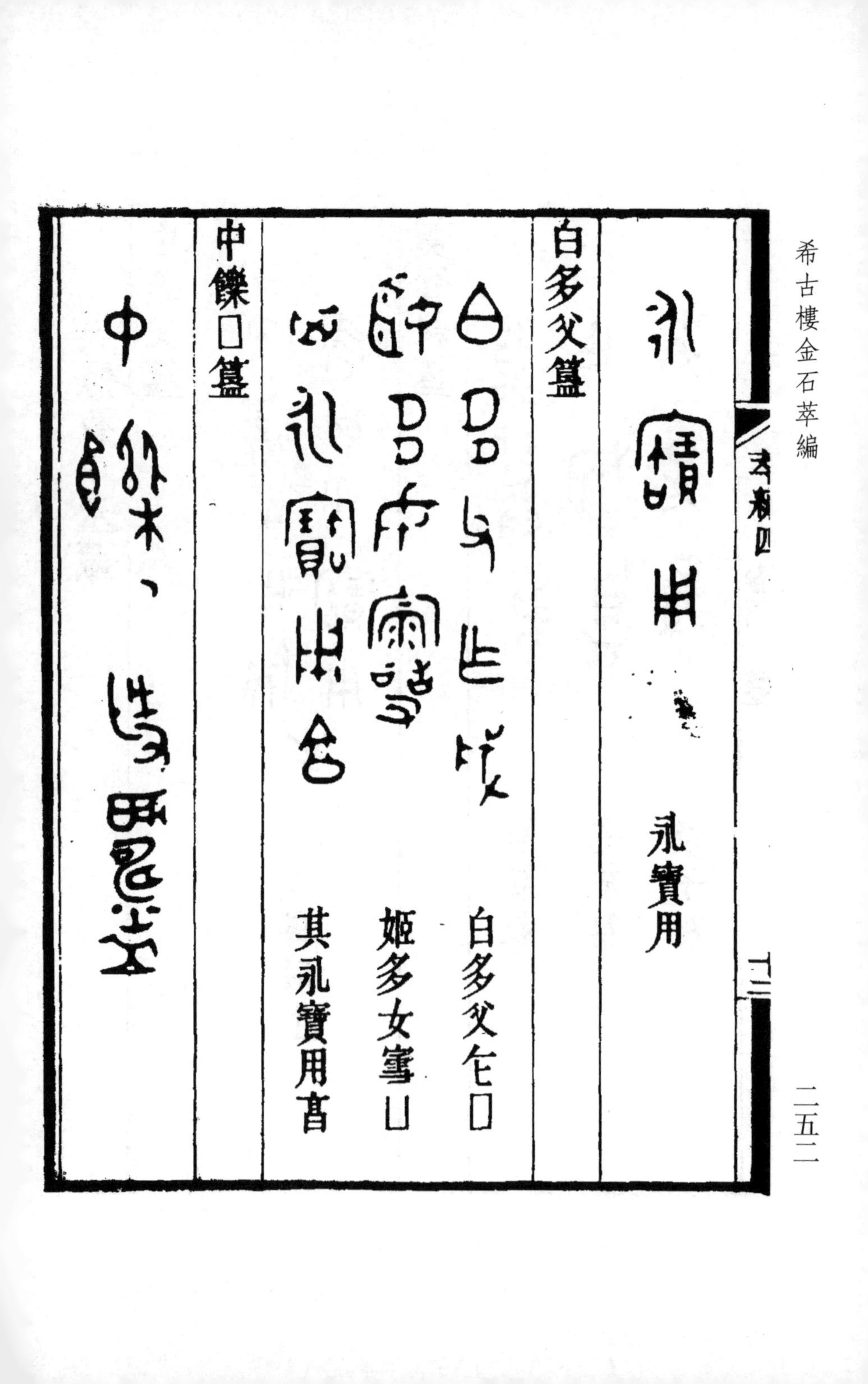

永寶用

永寶用

白多父簋

白多父乍□

姬多女寧山

其永寶用亯

中鑠□簋

中鑠□□鑄

旅簋其萬季

孔　寶　用

寶用二字間有牲在滌形以上四器不知藏誰氏

據雪堂藏本錄

筍白大父簋

筍白大父乍
器□媿鑄匋簋
其子=孫永匋用

蓋　釋同上

據秀水金氏舊拓本錄匋卽寶字易缶以勹省寶
爲缶耳

鑄子叔黑頤簋

鑄子叔黑
匠肇乍寶
冂其萬秊眉
壽永寶用

潘文勤公藏鑄子諸器傳世者簠最多簋與匜鼎則僅各一器耳

弭叔簋

隹五月既生
霸庚午弭叔
乍叔班旅簋
其子子孫孫永寶用

諸城王氏藏

杜白簋一

杜白乍寶簋其用
亯孝于皇申且孝于
好朋友用桼壽匃永
令其萬秊永寶用

皇申卽皇神且孝卽祖考

杜白簋二

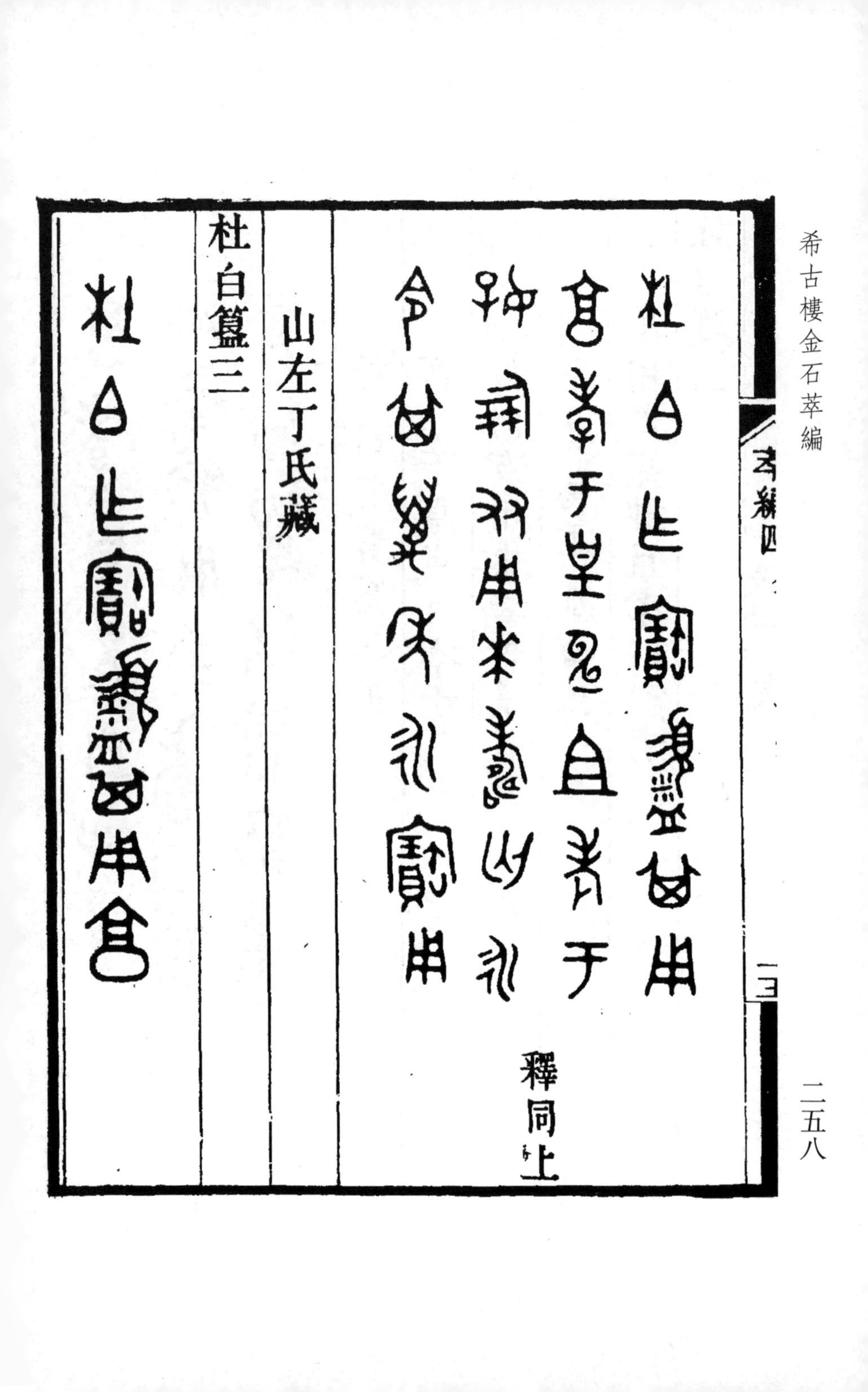

釋同上

山左丁氏藏

杜白簋三

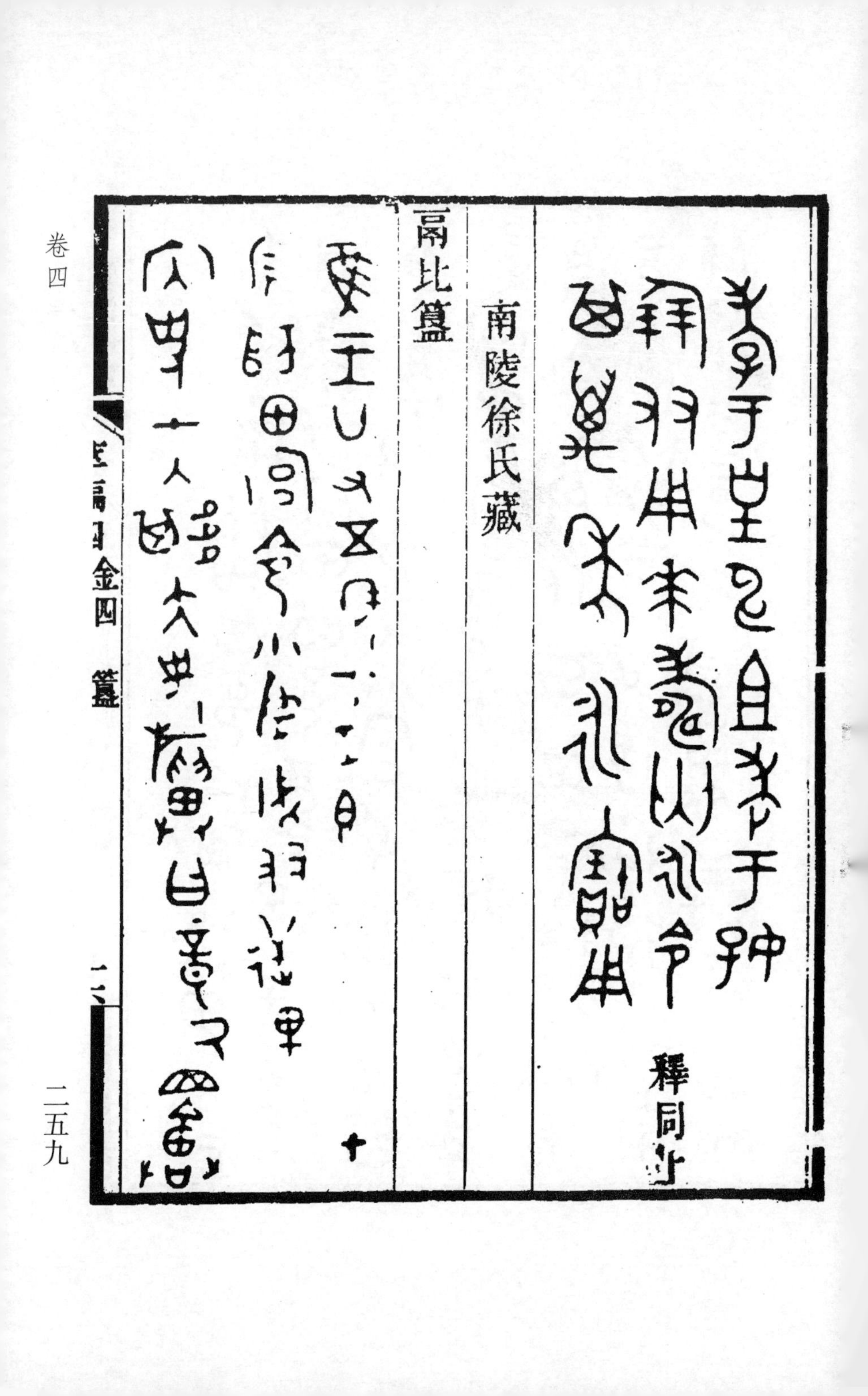

釋同上

南陵徐氏藏

鬲比簋

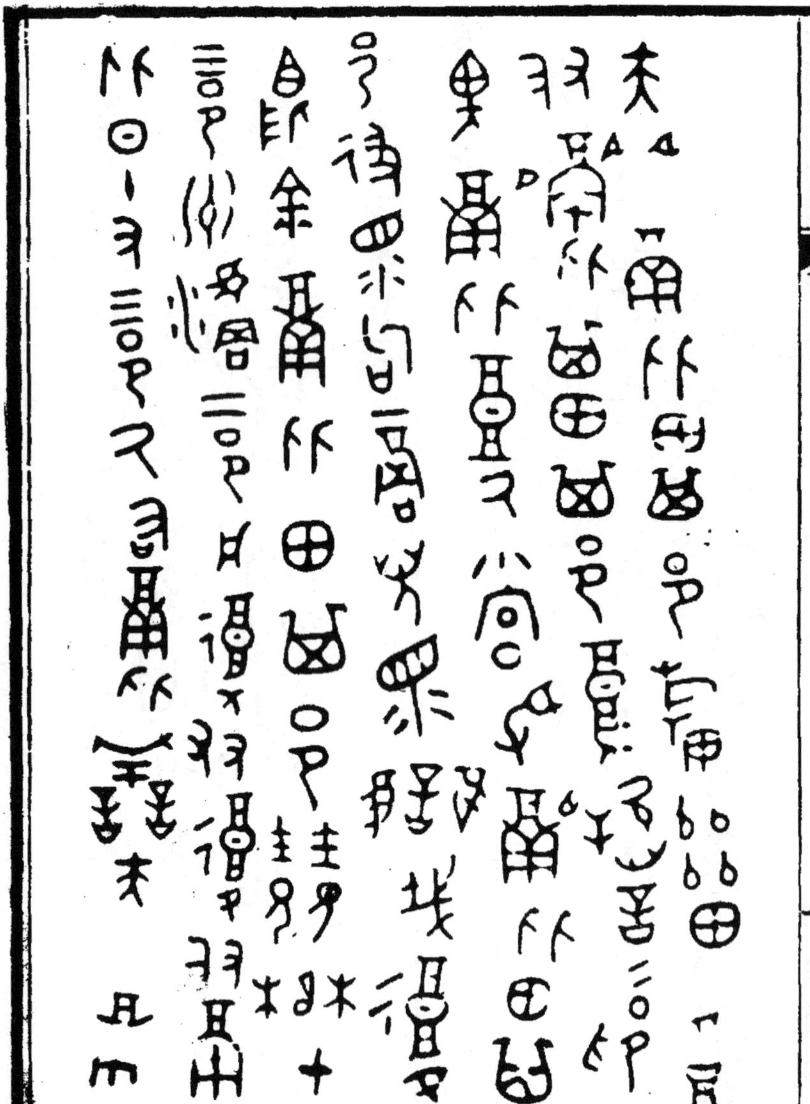

隹王廿又五季七月旣□□□

□師田宮令小臣成友逆□□

內史□眵大史旟曰□厈□□

夫□鬲比田其邑芀□田□

友鬲比其田其邑□□朁言□□

□□鬲比□小宮□鬲比田其

邑彶眔句□兒眔讎戈復

□□鬲比田其邑兟□□

三邑州〻二邑凡復友復友鬲

比曰十又三邑氒右鬲比善夫□鬲

比乍朕皇且丁公文考叀公

簋其子〻孫〻永寶用□

丹徒劉氏藏今歸闓縣陳弢庵太保寶琛

鬴

鴡□鬴一

八夕帀又己行止宀𢀛酉

口口祖口乍寶盨 其萬季子=孫永寶用亯

祖口盨二

釋同上

此盨與祖中無龍鬲等同出土寶下一字似襄而

其形制廣肩而下削口小約徑三寸羅叔言參事

定爲讎今聞歸新安程氏

希古樓金石萃編卷四

希古樓金石萃編卷五

吳興劉承幹撰

金　彝器款識五

尊

乇寶彝尊

乇寶彝

吳縣潘氏藏

尹尊

尹乍寶尊

作寶尊

乍寶尊彝

□乍彝

宀乍庫彝

雁公尊

雁公乍
旅車彝

以上四器據雪堂藏本錄

卿尊

卿乍年
考尊彝

閩陳氏澄秋館藏

□□尊

□□乍
從宗彝

吳縣潘文勤公藏

白矩尊一

白矩乍寶
尊彝

烏程顧氏藏

白矩尊二

器

釋同上

蓋

南海李氏漢石園藏

呂中僕尊

呂中僕乍毓子

寶尊彝或

毓與殷虛卜辭之殷虛書契卷六並卷二同王徵君國維釋作毓蓋象母產子形从母从倒子今篆从每古文每與母通用也

魯侯尊

唯王令明公

遣三族伐東

或在□魯厌叉
□工用乍肇彝

東或郎東國叉工郎有功

能匋尊

能匋錫貝于
氒□公矢□
肅能匋用乍
文父日乙寶

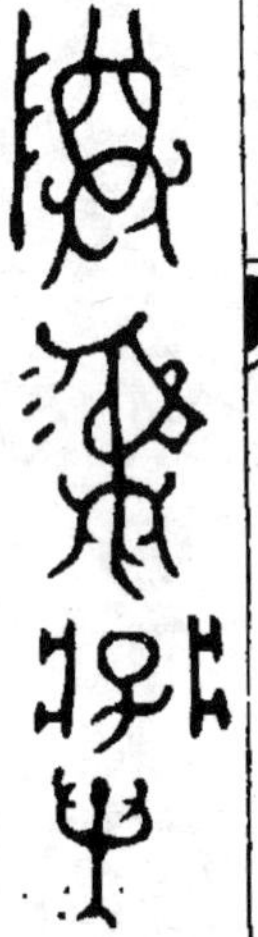

尊彝析子孫

陽湖陶氏藏近年出土器已殘損

壺

先壺

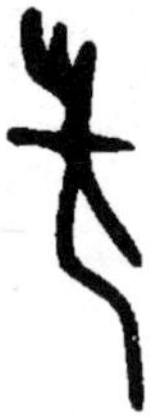

先

糞壺

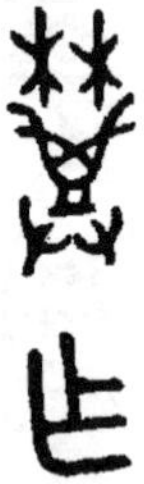

糞乍

寶壺

吳縣潘氏滂喜齋藏

友壺

器 習乍尊壺

蓋 釋同

上

友許書古文作習師遽方尊作習殷虚卜辭作𦉫

殷虚書契七弟一葉此作習殆即友字藏吳縣潘氏

王七祀壺蓋

王十祀
王鑄

王七祀
王鑄

闓陳氏澄秋館藏

孟戴父壺

孟戴父乍□壺

孟戴父乍□壺

諸城王蘭畦舍人藏

□□白多壺

子孫永

□□壺用

□□白多

吳縣潘氏藏文左讀

□君子□壺

□君子□

肇乍寶壺
其眉壽萬
季永寶用

山左丁氏匋齋藏

冋[illegible]壺

周㲋乍公日己

尊壺其用亯

于宗其孫=子=

萬秊永寶用口

番匊壺

佳廿又六季十月

初吉己卯番匊

生鑄賸壺用

賸氒元子孟

妃𠦪子〻孫〻永寶用

庚申夏見之都肆文在蓋内器無字

罍

得罍

器 得

蓋 釋同上

此器近出中州今在都肆

卣

旅彝卣

器 旅彝

盖 釋同上

丹徒劉氏藏

乍彝卣

乍彝

作寶彝卣一

器　乍寶彝

蓋　釋同上

歸安丁氏藏

作寶彝卣二

器　乍寶彝

蓋 釋同上

吳愙齋中丞藏

作寶尊彝卣

乍寶
尊彝

潘文勤公藏

白矩卣一

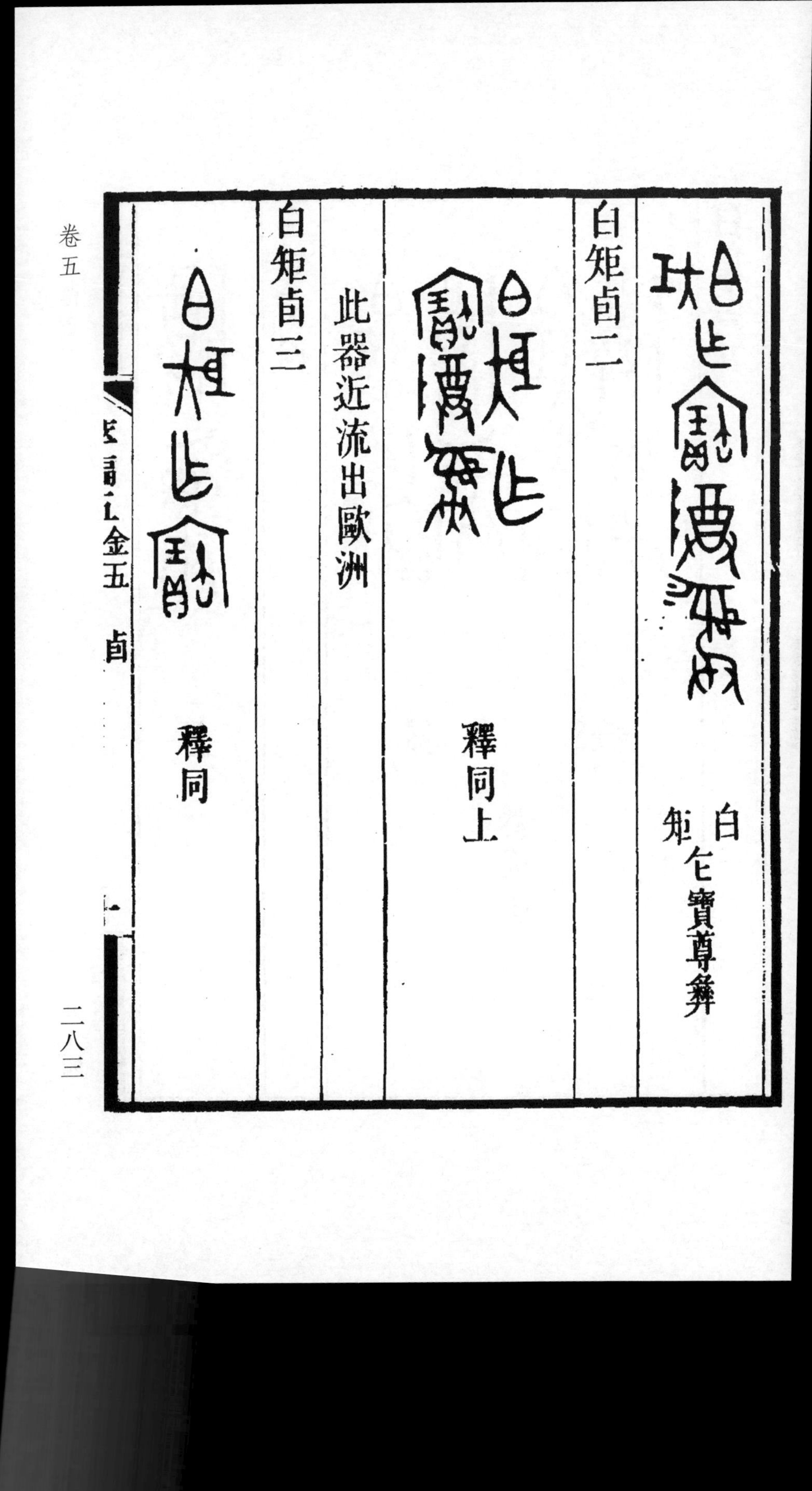

白矩乍寶尊彜

白矩卣二

釋同上

此器近流出歐洲

白矩卣三

釋同

上

白矩卣四

器

釋同上

蓋

白矩卣五

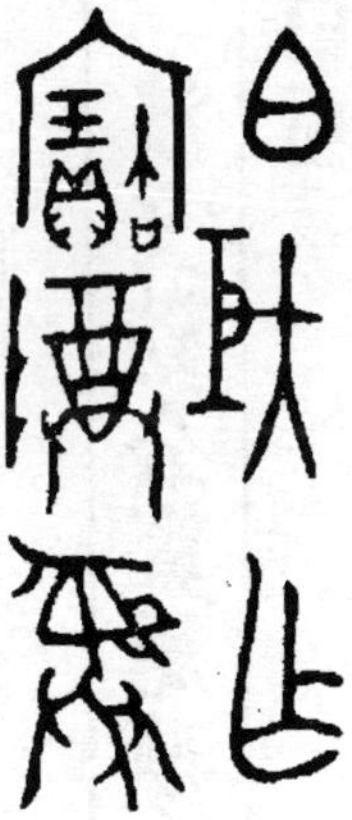

器

釋同上

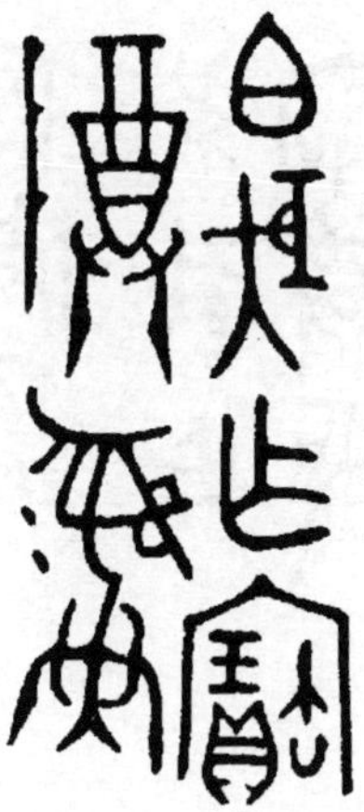

蓋

中𢿾卣

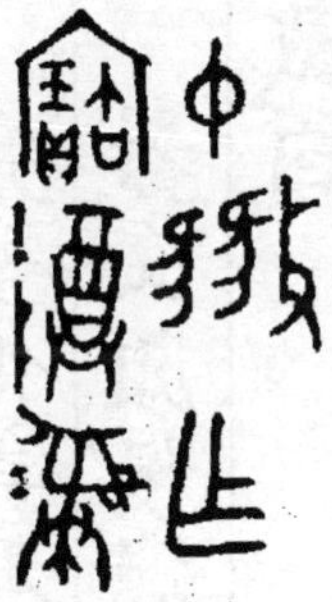

中𢿾乍寶尊彝

宗室伯羲祭酒藏己未見之都肆器蓋皆有文字
器文頗漫漶此其蓋也

叔截卣

器　叔截乍
寶尊彝

蓋　釋同上

潘文勤公鄭盦藏

散白卣

器 父尊彝

散白乍□

蓋 釋同上

漢軍許氏延暄藏文左讀

卿卣

卿乍氒考

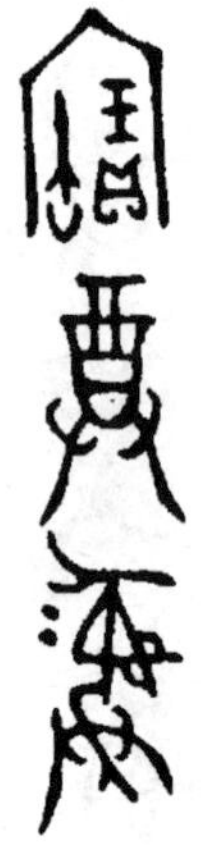

寶尊彝

陳氏澄秋館藏

北白□卣

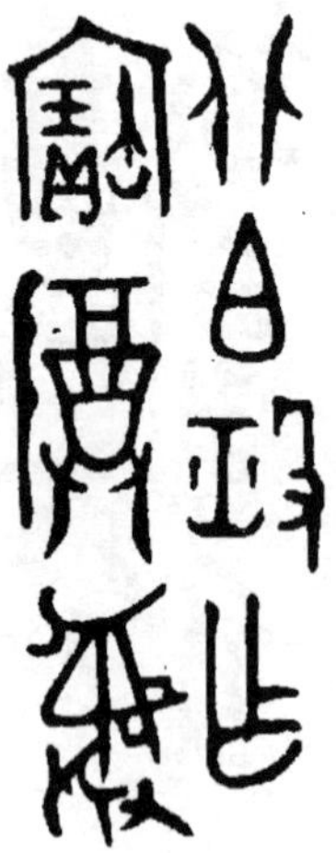

北白□乍
寶尊彝

遣卣

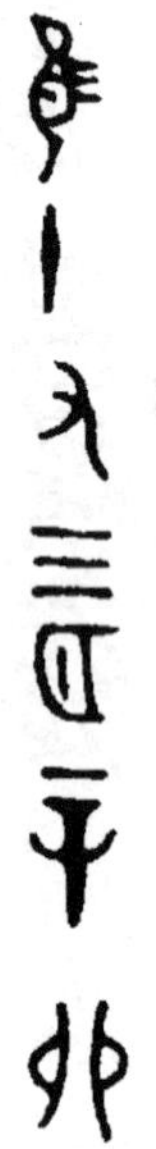

隹十又三月辛卯

王在厈錫遣采曰
囗錫貝五朋遣對
王休用乍姞寶彝

右器

蓋　釋同上

潘氏鄭庵藏十又三月乃有闓之年也

鴉子卣

器

唯正月丁丑王各于

吕𣪘王牢于广

咸俎王令士衜

歸䧢子鹿三䧢

子對揚王休

用乍寶尊彝

[illegible]

盞

釋同上

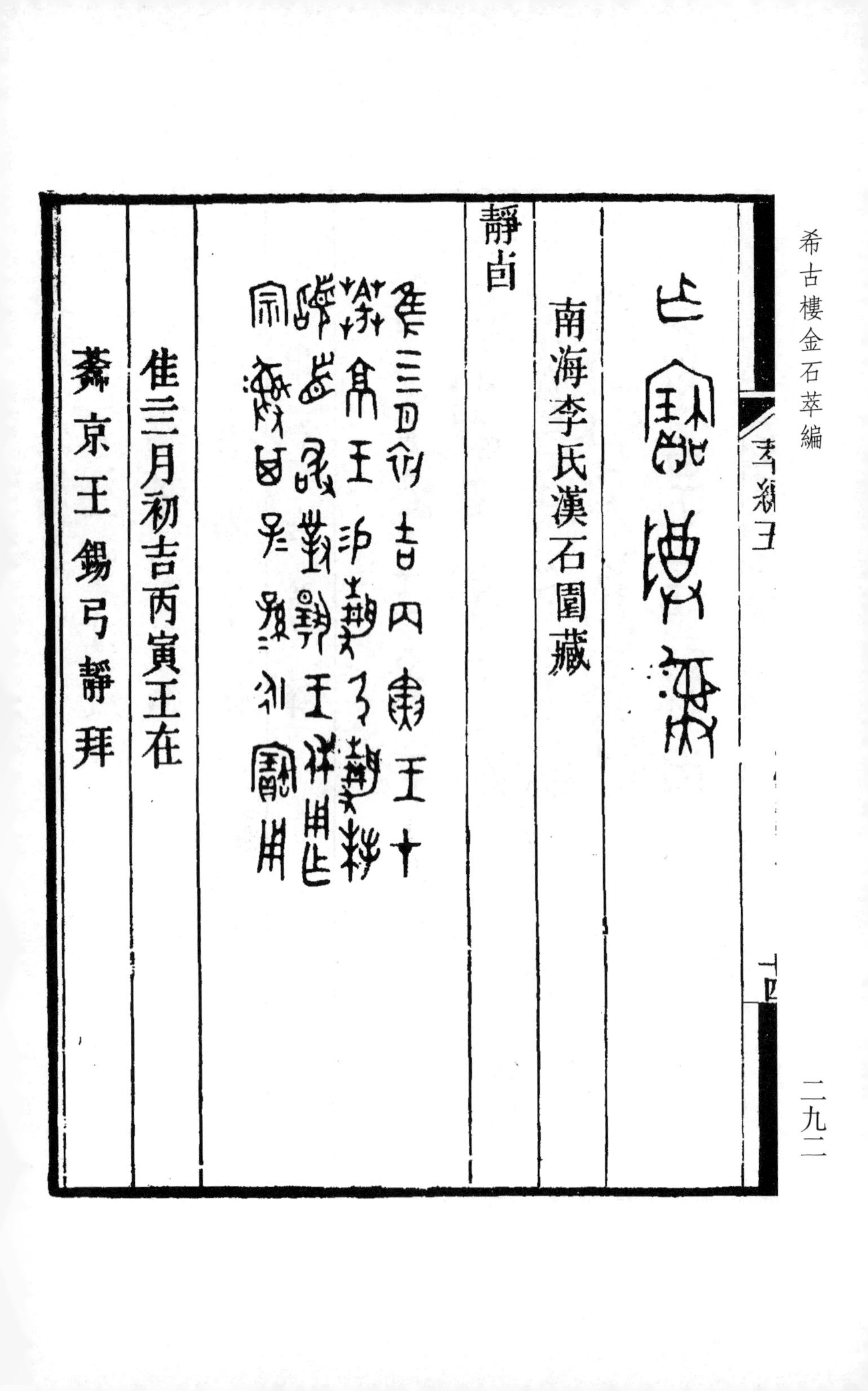

南海李氏漢石園藏

靜卣

隹三月初吉丙寅王在

葊京王錫弓靜拜

稽首敢對揚王休用乍
宗彝其子＝孫＝永寶用
福山王文敏公舊藏後歸丹徒劉氏食舊堂器損
而字尙完

觚

囗觚

□

此字从日卽古文肉从乚疑卽許書示部之祳許注社肉
盛以蜃故謂之祳字或作脤左氏閔二年傳受脤於

社杜注脤宜社之肉盛以蜃器成十三年傳成子受脤於社杜注同漢書五行志成肅公受脤于社不敬注服虔曰脤祭社之肉也盛以蜃器此字从乚殆象蜃形而內肉於中後世作脤則从肉从蜃省聲易象形爲形聲矣許書从示亦當是从蜃省聲今許書作从示从辰聲殆後世傳寫之誤也此器南陵徐積餘觀察藏今歸休寧程氏雪堂金石跋尾

□觚

□

南陵徐氏藏

□□觚

□□

吳愙齋中丞藏二字均不可識愙齋集古錄載子父觚其文作[glyph]子父此觚之[glyph]與[glyph]形同殆是一字

觶

聿觶

器聿

蓋釋同

觶皆有蓋然多器存而蓋佚此烏程顧氏所藏愙齋箸錄誤作壺故更箸之

戈觶

戈

此字前人釋爲立戈形實卽戈字也

癸觶

癸

陳氏簠齋藏疑字形作ㄨ拓墨時失其位置也如簠齋藏一彝吳氏攈古錄著錄稱鳳彝其文作[illegible]釋作鳳棲木形羅叔言參事謂文當作[illegible]从冎从廾蓋誤倒置之此殆其類矣

女口觶

女口

丹徒劉氏藏

小臣單觶

王後叚克商
在成𠂤周公錫
小臣單貝萠用
乍寶尊彝

潘文勤公藏

斝

乙斝

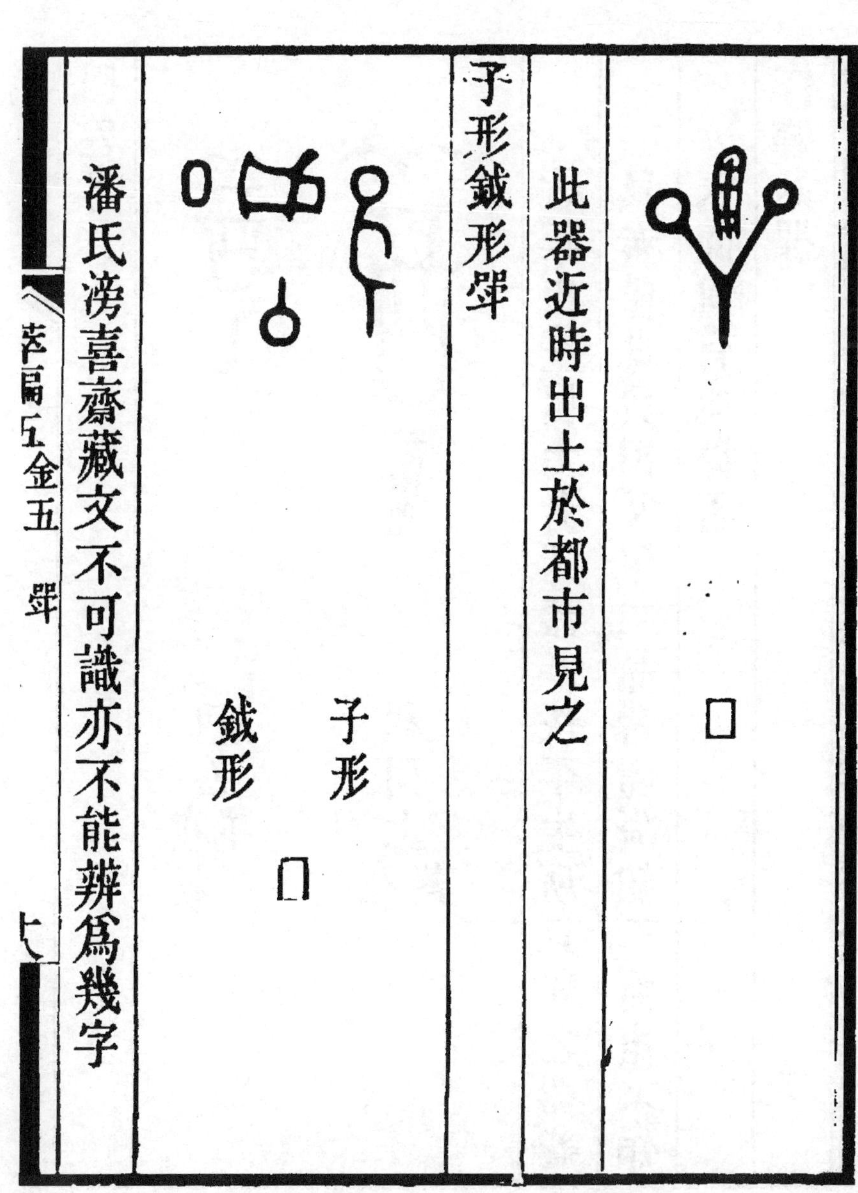

□

此器近時出土於都市見之

子形鉞形斝

子形 □ 鉞形

潘氏滂喜齋藏文不可識亦不能辨爲幾字

口乙斝

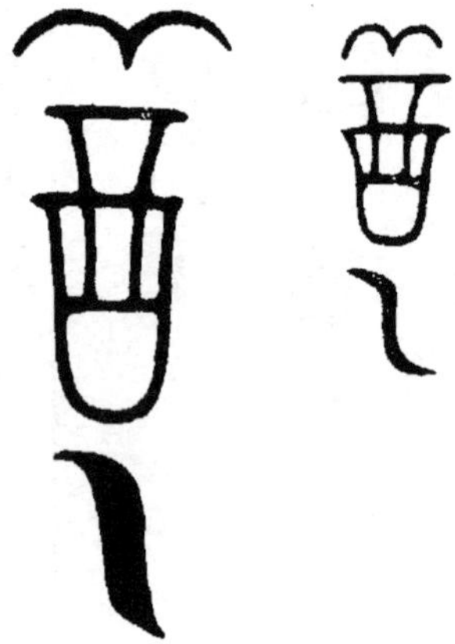

口乙在扳下

釋同上在蓋

近年山左出土者斝蓋多佚平生所見斝之器蓋具者僅此與田父甲二品皆隨海舶至海東不知人間尚有他器否

作婦姑斝

乍䛐故
囗尊彝

潘文勤公藏

盉

麥盉

井侯
光氒
事麥
嗝于

麥嘗
厌鍚
麥金
乍𥝢
用盃
井厌
口事
用旌
徙口
口嘀
御事

歸安丁氏藏今藏日本住友氏

盤

𣳚般

□𣳚□□
乍寶般其
萬季子二孫
永寶用享

上虞羅氏雪堂藏

魯白愈父般一

魯白愈父乍

鼄姬□賸顮

般其永寶用

魯白愈父般二

釋同上

吳縣潘氏藏

鮴□妊般

穌□妊乍虢

妃魚母媵子子

孫永寶用之

白者君般

隹□□白者

君自乍寶般

其萬季子孫
永寶用享

潘文勤公藏

休般

隹廿秊正月旣望甲戌王在
周康宮旦王各大室卽立□
公右走馬休入門立中廷北
鄉王乎乍冊□冊錫休幺衣
□□□□朱□戈□戚彤沙
□□䜌旂休拜稽首□對敭

天子不顯休令用乍朕文考

日丁尊𣞤休其萬季子=孫=□寶

匜

□匜

□

吳□匜

自乍吳

□□宅

曾子白匜

乍尊盉
白□□自
隹曾子

召樂父匜

召樂父乍〢
改寶它永寶用

右五器據雪堂藏本錄

□叔黑臣匜

□叔黑臣
乍寶匜其
永寶用

吳愙齋中丞藏

杞白匜

杏白每□□

□□□宀宅

其□孫孔寶用

魯白愈父匜

魯白愈父乍
鼄姬□朕頮
它其永寶用
吳愙齋中丞藏

𠙵白匜

隹衞邑□白
自乍寶盤子子

孫孔寶用之

叔高父匜

叔高父乍中㚤

宅其萬年

子=孫=孔寶用

說文解字㚤婦官此云叔高父乍仲㚤匜則㚤亦女姓當是詩美孟弋 矣之本字

□中艾匜

唯□中艾
自乍寶它
其萬年子孫
永寶用亯

福山王文敏公藏

白者君匜

用亯□

萬子孫永寶

自乍寶宅其萬

隹□□白者尹

文左讀潘文勤公藏公所藏尚有一般白者尹之尹作君末一字不可識又萬季之萬及寶用諸字頗詭異古金文中往往有不合古文正體者如此之類數見不鮮亦治古文者所宜知也

曩甫人匜

曩甫人余余王
𡨦(宀)獻孫兹乍
寶它子二孫二永

寶用

此器庚申春見之津沽

□□□匜

孫乳寶用亯

它其萬季子=

乜金乍自寶

唯□□□□用

文左讀諸城王戟門太守錫棨藏

堇生匜

唯□白□堇生
自乍它其萬季
子=孫=永寶用之

夆叔匜

隹王正月初吉丁
亥夆叔乍季改盥
般其眉壽萬秊永
俘其身它=巸壽考

無朞永俘用之

此匜己未冬見之都肆匜與舨俱存而文在匜腹舨無文字它二匜二匜二匜下應有重文書時失之器今藏某貝子許

盂

虢叔盂

虢叔乍旅盂

旅从㫃亦古文中之詭異不合正體者

希古樓金石萃編卷五

希古樓金石萃編卷六

吳興劉承幹撰

石

漢司徒袁安碑

高六尺廣三尺今在河南偃師

司徒公汝南女陽袁安召公授易孟氏□
永平三年二月庚午以孝廉除郎中四□
十一月庚子除給事謁者五年正月乙□
遷東海陰平長十年二月辛巳遷東平□
城令十三年十　二月丙辰拜楚郡□

守十七年八月　　庚申徵拜河南尹□
初八年六月丙申拜太僕元和三年五□
丙子拜司空四年六月己卯拜司徒
孝和皇帝加元服詔公爲賓永元四年□
月癸丑薨閏月庚午葬

袁安後漢書有傳碑云授易孟氏傳云祖父良習孟氏易則安實修家業也碑云永平三年以孝廉除郎中傳僅云後舉孝廉未言除郎中碑云四年十一月除給事謁者亦爲傳所缺碑又云五年正月遷東海陰平長十年二月遷□城令據傳除陰平長任城令

則碑與傳正合碑云十二年十二月丙辰拜楚郡太守傳云永平十三年楚王英謀爲逆事下郡覆考明年三府舉安能理劇拜楚郡太守碑云十二年而傳云明年是十四年當以碑證傳之誤碑云十七年八月庚申徵拜河南尹案十二年至十七年相距五年而云歲餘徵爲河南尹誤矣碑云元和四年六月己卯拜司徒傳云章和元年代桓虞爲司徒則碑傳異此碑近在河南出土據碑客云偃師鄉中有土地廟近爲人所毀有石供桌色甚古其向下一面即此碑廟中有建廟時所立之碑云廟建於萬厤時知此碑

出土早在四百餘年之前惟考于奕正天下碑錄已有其目或於見此碑時尚在其冢前未作野廟供桌之用耳　松窗金石文跋

漢司空袁敞殘碑

石已殘存高二尺四寸廣二尺

字叔平司徒公
月庚子以河南尹子
五月丙戌除郎中九年
侍郎十年八月丁丑
十月甲申拜侍中

步兵校尉延平元
□與十月甲子拜東
丙戌徵拜大僕三年
初二年十二月庚
□其辛酉葬

右殘碑篆書存字十行除首尾二行僅四五字餘存七八九字不等首行爲字口平司徒公字字尚存殘畫叔字已不可辨四明馬君叔平衡因字叔平及司徒公字謂是袁敞碑予案叔平說甚確范史敞傳附袁安所記事實頗略云敞字叔平少傳易經教授以

父任爲太子舍人和帝時歷位將軍大夫侍中出爲東郡太守徵拜太僕光祿勳元初三年代劉愷爲司空明年坐子與尚書郎張俊交通漏泄省中語策免儆廉勁不阿權貴失鄧氏旨遂自殺又云朝廷薄儆罪而隱其死以三公禮葬之復其官以碑證之碑第二行存月庚子以河南尹子八字即傳所謂以父任爲太子舍人蓋以安爲河南尹故得官其下所缺爲太子舍人也第三行存五月丙戌除郎中九年九字第四行存侍郎十年八月丁亥八字第五行存十月甲申拜侍中七字第六行存步兵校尉延平元七字

傳稱和帝時歷位將軍大夫侍中而不及郎中侍郎及步兵校尉碑載拜侍中而不見將軍大夫字當在碑文殘缺處碑與傳可互考至碑所云之九年十年乃和帝之永元也傳於敞出爲東郡太守徵拜太僕光祿勳不記在何時碑文第七行存其十月丁丑拜東七字東下所缺當是郡太守字第八行存丙戌徵拜太僕五年八字拜東郡太守在十月丁丑以長術推之殤帝延平元年十月爲乙巳朔均不能得丁丑而永初二年十月癸亥朔三年十月丁巳朔並得丁丑敞之出守東郡當在安帝永初二三年其徵拜太

僕碑敘於五年之前當在三四年可補傳之略至碑
文五年以下所缺當爲光禄勳又據傳知之也碑文
第九行存初二年十二月庚戌八字戌字雖殘損然
尙可辨乃倣代劉愷爲司空之年月初上缺元字庚
戌以下缺拜司空等字傳敘倣爲司空在元初三年
劉愷傳則云永初六年代張敏爲司空元初二年代
夏勤爲司徒安帝紀元初二年十二月庚戌司空劉
愷爲司徒光禄勳袁倣爲司空與碑正合而傳作三
年者蓋二年十二月爲壬午朔二十九日得庚戌是
月小盡三年正月爲辛亥朔倣以歲除拜命其受事

實在三年傳固亦非誤也碑文末行存甍其辛酉葬五字傳載敞自殺在四年而不著其月安帝紀則書四年夏四月戊申司空袁敞薨五月丁丑太常李郃爲司空考四年四月爲甲辰朔五日得戊申五月爲癸酉朔五日得丁丑是敞薨逾月始以郃代傳載以張俊得赦因薄敞罪而隱其死故逾月而始任李郃鄧太后殆亦有所媿悔耶碑稱辛酉葬辛酉乃四月十八日距戊申才十三日耳雖以三公禮葬又何速耶此石出洛陽已再逾歲乙丑夏予始購致之私謂此刻可寶者三敞爲漢名臣一也碑文才存七十字

而可資考證二也漢世篆書僅嵩高二闕而風雨摧剥筆法全晦而此碑字之完全者刻畫如新三也是此碑不僅爲寒齋藏石第一亦宇內之奇蹟矣乙丑五月十八日松翁書

碑中戊字作成增一筆以求茂美葬字上從竹甍字作甍與洛陽近年所出甘陵相殘碑同皆不合六書然古人作書多不經意固不如後世之嚴謹也松翁又記

漢甘陵相尙書袁博碑

石高五尺二寸已分裂爲二不能知碑廣尺度

額篆書存八字

上缺

山陵相尚

府君之碑

諱博字季𣋡司空公之少子也孝弟昭於內忠亻耀於外聰叡廣淵兼□七□墳典素丕河雒運度該三五之藉歆周孔之奧常以易詩尙書授訓誨不倦□其食弗食非其服弗服羣儒駿賢朋徒自遠有韓魏之家自視歉然得士若□聞善若驚思純履勁經德不同學優則仕歷郡席坐再辟司隸公亮拜郎中□察孝廉平除悉以病去司空辟遭公夫人憂服闋司空司隸並舉賢

艮方正口（此處碑分裂處不知其缺幾行）去官辟大將軍府復登憲台遷兗州刺史疾讒言比周慍頻二之黨力唐冥之口道於是撩繩墨以彈邪枉援規柜以分方負贄飾改節冠暴不作封畿震駭毎懷禹稷恤民飢溺之思不忘百姓之病也徵爲尚書肅恭國命傅納以言轉拜僕射令三辰明王衡平休徵集皇道著拜鉅鹿太守施舍廢置莫非獬宜刑政不濫紬掊克采儁桀猶仲尼之相魯悼公之入晉斟酌仁義下不失墜此以屢獲豐稔之應田疇有讓畔之萌商旅有不爭之民換甘陵（以後石泐不知其缺幾行）

漢甘陵相袁博碑近出洛陽有土人發一元魏宗

室墓視其墓門隱有字蹟洗視卽此石也已分裂爲二一石存五行一石存六行其十一行中有碑穿漢石穿多居中則全碑文應有十六行所缺亦無幾

漢延年石室題字

石高二尺九寸廣一尺一寸

陽嘉四年

三月造作

延年石室

此石於光緒二十四年四月有人在四川郫縣相近處勘相煤礦迷途入一山山中林木森茂不通人徑見高處有一山洞進內探視有一小石室此石刻即在其室中因攜歸至京師贈宗室緒齋貝子溥倫延年石室者當是漢時道家修養之地簡州有會仙友題字亦是道流所作與此刻正相同也

漢孔廟殘碑

石高一尺六寸廣一尺五分

永壽三年歲位丁酉季春之月㕠日下洐

承撫𤕠施石碑破𣪘禮器菹敗興造

㖧嘆先聖五帝三皇老子名冊前世

孔氏師之受業道元素王孔聖㕠字

制作春秋序萬世機雜雜濟濟育

眇選童生七十二人顏淵好學守

行配日月德𠁊先原曾槩至𡆣

㝠𧻚行孝堯以位玠仲尼𨍏

循德立義百行之端崇

嘖曰

穆明君輿

逵近柳

碑陰

騰賓侯萬字伯夏

壂下賓楊休字子林

執虡孟靑字伯臺

司射陳淮字仲安　犀琴

射先費祿字升遷　執磬亞

射先王萬字淵舉　執柤畱

射先張疆字君景　執柤量

尉先邰雲字甫成　飢祖童
執鼓李遂字伯光　執祖童

漢祭孔廟碑今年洛陽金墉城內一村落中出土玩其文義似爲祭孔廟之碑碑陰有執鹿執磬等名惜存字不多不能考其立碑之人耳隸書古拙類北海相景君銘

漢戴氏畫象題字

石高二尺七寸八分廣三尺七寸八分畫象兩旁各題字一行字徑三四分不等分書

戴日　孔道建石宣五千郭苞二千五百五戴□旹□伍

耆承超陽勳前卿張年弁九千五百以永初七年閏月十八日始立成以上題字一行在畫象右郭

戴掾君壽九十三薄命以永初四年六月十七日庚午病卒戴母年九十二以永初五年八月廿九日病卒父母兵亟云門以上題字一行在畫象左郭

右象中畫一男一女各騎一虎虎並頭對立蓋即戴掾君戴母之象應即孔道父母也虎後右三人左一人中懸一鼓餘則綴以人物之屬上層凡十人右末一人作拜跪之狀前置一物如有所陳一人舉手若將受之者下層則僅畫各獸題字在其兩郭戴當即

戴戴從異古文作𢦏此或從𢦏變省又戴𢧵之戴作戴右多一點或各字本皆有點亦未可知戴日孔道孔道當係其字東漢無二名以字計之則承陽莂皆係其人之姓古無莂姓亦無莂字然元和姓纂及氏族略均載有別姓並引姓苑云京兆人案周禮小宰聽稱責以傅別鄭司農云傅別謂劵書也別別爲兩兩家各得一也鄭康成云傅別謂爲大手書於一札中字別之釋名莂別也大書中央中破別之也廣韻䈇分契也據此則釋名之莂周禮之別是古時別字至漢已轉爲莂廣韻則又轉爲䈇實皆一字今浙江

有晉太康五年楊紹買冢地石刻有云對共破莂足爲明證然則此別字或卽由莂變省漢隸從簡取便下筆往往如此或疑爲前字字形雖似然自古實無前姓也四年之四庚午之午皆不甚明顯四字尤類七字然考通鑑目錄永初七年六月爲丙寅朔則十七日不當屬庚惟四年五月爲甲申朔則六月當是甲寅朔十七日正是庚午以此互證則四年及庚午字皆確碑書閏月案永初七年乃閏十二月也夫蚤當卽天蚤字父母皆壽至九十餘而云夭蚤亦不可解陶齋藏石記

漢陽三老石堂畫象題字

石高一尺六寸廣六寸七八分畫全剝落字刻左邊下方高一尺零二分廣一寸四分三行首二行十八字次行二十四字末行存二十一字又陽三老三字居中在次行之上式如碑額分書

延平元年十二月甲辰朔十口日石堂畢成時太歲在丙午口魯北鄉侯陽三老自思貧居鄉里無宜不在朝廷又無經學志在共養子道未口感切傷心晨夜哭泣恐身不全朝半祠祭隨時進亼盍下缺

秦制十里一亭亭有長十亭一鄉鄉有三老漢文帝

置三老及孝弟力田後漢因之故有有秩三老以掌
教化明帝以李躬爲三老遂詔賜天下三老酒肉明
年又有賜天下三老孝弟力田爵三級之詔蓋與三
老五更之典雖殊亦必以有齒德者爲之始符名義
所謂鄉三老也而歐趙洪三家箸錄有國三老袁良
碑隸釋所載有縣三老楊信碑曹全碑陰題名有縣
三老鄉三老各一人其別以縣以國者必當時朝廷
下至郡縣悉舉行此禮受之者即以是爲差然則鄉
三老與縣三老國三老並稱蓋亦其類矣石原出曲
阜正古魯地與所題魯字合漢書地理志北鄉侯國

屬齊郡後漢郡國志有魯國無北鄉而此以魯北鄉侯連書者范氏云凡縣名前有今無者皆世祖併省然則當時北鄉或已併入魯國而鄉民沿襲猶呼其地爲北鄉侯相傳既久此三字竟成地名三老野朴亦遂沿俗書之耳陽則其姓故此三字獨高出也隸續跋劉寬神道云漢碑太字皆不加點獨高頤及此碑有之今此刻太字作夳竟加二點尤洪氏所未見然考說文夳實古文泰字後之作太乃即從夳省並非從大加此刻作夳尚未省則尤古耳觀其自敘之詞則石堂亦爲供奉考妣而建猶永建食堂文叔陽

食堂之類貨卽貨字共供經典通用夜卽夜全卽全
隨卽隨各有泐痕末一字泐不可辨 陶齋藏石記

漢武孟子買田玉劵

玉版高二寸三分彊寬一寸四分半厚二分彊玉
青色有玄理縱四衡二縱者長短各二衡者長短
略同理微側正面側向右背面側向左正背面各
五行行八字至十一字不等字徑二分弱至三分
彊不等分書

建初六𠦑十一月十六日乙酉武孟子男靡嬰買馬𤰈
宂朱大弟少卿冢田南廣九十四步西長六十八步北

廣六十五東長已上正面

七十九步爲田廿三畞奇百六十四步直錢十萬二千

東陳四比介北西南朱少比介時知券約趙滿何非沽

酒各二千已上背面

此漢建初六年買地玉券匋齋尙書所藏其云武孟

子男靡嬰者東漢少一名靡嬰當是武孟子之兩男

亦如今人買賣田宅父子皆署名也其云馬熙宜朱

大弟少卿冢田者此地係馬朱二姓合賣也南廣九

十四步西長六十八步北廣六十五步東長七十九

步爲田二十三畞奇百六十四步案司馬法六尺爲

步步百爲畝說文小徐本秦田二百四十步爲畝離騷王逸注亦云是漢與秦同也今以漢制二百四十步爲一畝以加減乘除法算之則得二十四畝奇八十四步又四分步之一以方田求面積法算之則得二十三畝奇八十七步皆與此券不合此必其地有凹形故云爾非必其算有誤也東陳四比介北西南朱少比介謂東一面與陳四連界北西南三面皆與朱少連界此朱少卽上文之朱少卿蓋劃其地而買之此亦漢人相墓擇地之證故並買馬朱二姓之地而又不盡買朱姓之地以爲冢田不須多地也時知券

約趙滿何非謂預知此買田事如今之中人也百步爲畝人皆知之二百四十步爲畝人罕知之此券若以古畝百步計之當得五十餘畝此二十三畝有奇者本漢制也於此益足徵此券之眞非作僞者所能臆造者　楊守敬壬癸金石跋

漢建初買地玉券光緒壬辰出山西忻州余官張家口監督命人往求之已爲繼賈王西泉所得以歸吳窓齋中丞逾年窓齋攜以入都王文敏盛伯希皆歎爲希世之瑶庚子春窓齋病罷家居盡鬻所藏吾友施雲僑以六百金爲余致之其風誼古矣獨恨文敏

抗節千秋伯希蚤謝賓客不及相與共恱賞耳　又券云買馬熙宜朱大弟少卿冢田下云北西南朱少比分昔人姓名有省下一字者藺相如稱藺相隸釋費鳳別碑申包胥稱申包晉書孫惠傳庾開府集鄭當時稱鄭當風俗通窮通篇曹叔振鐸稱叔振晉語是其例已介界本字說文介画也從八從人人各有介後人承用界實介之轉注唐石經毛詩無此疆爾介猶存古誼矣又云直錢十萬二千萬省下半周康鼎其萬年永寶用鄭邦纂文萬字亦省下半與此政合又券劵二字誼別說文券契也從刀𠔉聲劵勞也後人二字多混用此文知券

約券字雖甚模黏細宋實從刀非從力足徵制作之非苟此玉券閱甲子三十周表裏瑩徹書埶勁雋誠希世之珍也　又五官掾殘碑定爲魏蹟廑刑之廑卽厲字說文厲從厂蠆省聲此從厂萬亦省萬之下半也

匋齋藏石記

漢□臨爲父作封記

石高一尺九寸五分廣一尺九寸

惟漢永和二年歲在丁丑七月下旬臨乃喪慈父嗚呼＝哀＝哉＝故□石立碑其辭曰

父通本治白孟易丁君章句師事上黨鮑公故郡掾史

功曺主薄載在十三卦位裏徹遂不　起掩然至斯孤子推身痛當奈何婦孫𣏾□靡不感悲臨兄弟四兄長貟丰加伯仲立子三人委遂子□弟尸□遏奄離春秋永歸長夜昭代不立言之切痛傷心所謂苗能不秀秀能不實昔武王遭疾賴有周公爲王𢦔命復得延年窮有□□□□□□□由斯言之命有垣長退念父恩不可稱陳將作　封国序祗先造　祠祠蒸嘗䰟靈冒貴無心傅于子孫惮之無竟

亂日陰陽變化四時分兮人命垣長但不存兮改革陽宮震垢差兮□□□淸集神門兮日月照幽時晝昬兮

精□□毋□□□子悲傷永別失壽年子升車下征赴
黃泉子□□□□義劃恩子
永和二年歲在丁丑喪父來年臈月葬□延熹六年歲
在癸卯積廿七年爲父作封成孫伯度博堅佐侍時工
憲工月功夫費八并直五萬七千二月卅日畢成

此□臨爲父作封記宣統元年八月蕭應椿至山
東嶧縣馬槽村勘礦得此石從來漢刻之字無有
小於此者石在山東圖書館

漢昌陽刻石

石高一尺六寸每字大五寸

昌陽嚴

又一面刻

嚴揚高

此刻在山東登州文登縣厓石上大書深刻古拙似銅器款識定爲西漢人手筆疑當時人營葬於山下故特記其地名爲昌陽又記其姓爲嚴以垂久遠如山陰跳山買地記也

漢莫府奏曹史左表墓石柱

石高二尺六寸兩面刻字字旁刻龍文

使者持節中郎將莫府奏曹史西河左表字元異之墳

又一面

和平元年西河中陽光里左元異造作萬年廬舍

此石柱近在洛陽北邙山下村人發冢得之旋爲村民售與英人拓本不可多得文云使者持節中郎將案後漢書陳龜傳永和五年拜使匈奴中郎將段會宗傳云徵會宗爲左曹中郎將光祿大夫使安輯烏孫是漢時使外國者皆加中郎將官銜矣莫府二字前漢書屢見馮唐傳云終日力戰斬首捕虜上功莫

府注莫府大府也陳湯傳大將軍鳳以爲中郎莫府事壹決於湯左表人名無可考蓋當時曾使外國者和平爲漢桓帝年號僅一二年卽改元元嘉矣書法厚重淹有西京氣格殊可寶也 褚德彝跋

漢隆命石刻

石下截斷缺現存高一尺七寸許廣九寸五行行十二三字不等分書

漢□隆命𠀤 載□法以建六國 下缺 守□除相國賜□

□𡋯亭部遲 下缺 名宗□劉完通季□通伯卌□伯 下

缺 鄉𠀢王家祖家辛酉以畢□書之 下缺 □□百通急

如律令

此碑漫漶過甚苦不能辨兹以意釋之如此韓仁銘末有如律令三字此作急如律令與彼正同案史記儒林傳序述所載詔書漢書朱博傳博口占檄文陳琳爲袁紹檄豫州文東觀餘論所載漢破羌檄皆有如律令三字蓋漢時公文之式如此令世道流符呪則又襲用其語耳

漢議郎殘碑

碑上下斜斷前後亦斷缺僅存中段高不及八寸廣一尺六寸許字有界格篆書

□□

器曰□

五聲□□

蘭臺令史

議郎年七半字泐

十月丁酉卒

帀大臨終□

缺所存孤□半字泐

缺唄意不敢□

上缺名□□

案後漢書百官志蘭臺令史屬少府議郎屬光祿勳秩皆六百石然蘭臺命史掌奏及印工文書則猶供給之官與尚書令史主書者無甚差別故丁邯恥以孝廉爲令史而議郎則當時名士就徵者輒授是職如虞詡左雄楊厚黄瓊李固蔡邕傅燮皆嘗爲之蓋國政善否得以獻其議於上其才易見賢者率不次超擢故百官志以次諫議大夫與令史爲不侔矣碑存蘭臺令史字次行存議郎字年七以下當敘其卒時之年蓋先爲蘭臺令史而以議郎終於官者漢人篆書今惟孔林墳壇二種

及建初四年三公山神碑少室開母廟二闕延光殘石魯王墓二石八題字數種存世此碑筆特瘦勁較之各種又覺殊觀雖存字無幾益足寶貴矣

漢□郡太守殘碑

石上下殘缺僅存中段高約一尺八寸五分上下不平寬三尺五寸五分十六行後空三行行十五字至二十二字不等字徑八分分書兩旁邊闊五寸五分鐫龜龍鹿馬等形陽文

上缺倉龍庚午孟春之月囙□□□□□下缺

上缺公子百氏爲□□□□魯至於□□下缺

上缺□□□□典牧□□惠□□□功悳□下缺

上缺□□□□歌誦東郡□□坐罪□□□下缺

上缺□□□□和二子□□安□愛盈□□下缺

上缺□永壽元年□各□□□□□□□□□□下缺

上缺□□□□□□郡太守□□□□□□□下缺

上缺□□□□□□□□王□□至□□□□□下缺

上缺□元聖□□王得□□□□□措之□□下缺

上缺□□□□刻石□封上□□□□□□□□下缺

上缺□□□之□□□□□□□□貝□□□□下缺

上缺□春秋之時鄭□□□□□□□□□天□□下缺

上缺□初九之□□□□□恤□□□□□□下缺

上缺□宀□□守□□□功□相□□□□□下缺

上缺□□□□□□□□□□守不□□□□下缺

上缺□□□□□□□□□□□□決□□□下缺

右殘碑近年山東滕縣出土審釋拓本得七十一字又不全者二字中有永壽元年字而首行云倉龍庚午孟春之月案永壽元年歲次乙未後三十五年歲次庚午爲初平元年此碑當作於初平元年其曰永壽元年者殆泝述前事也碑文有郡太守字典牧字功德字歌誦東郡字後又有兩守字

疑爲東郡太守頌德之碑德作悳與郞中鄭固碑同漢碑多以青龍殼年亦閒作蒼龍倉蒼肎高朕修周公禮殿碑初平五年倉龍甲戌與此政同

漢測景日晷

石高八寸八分廣九寸

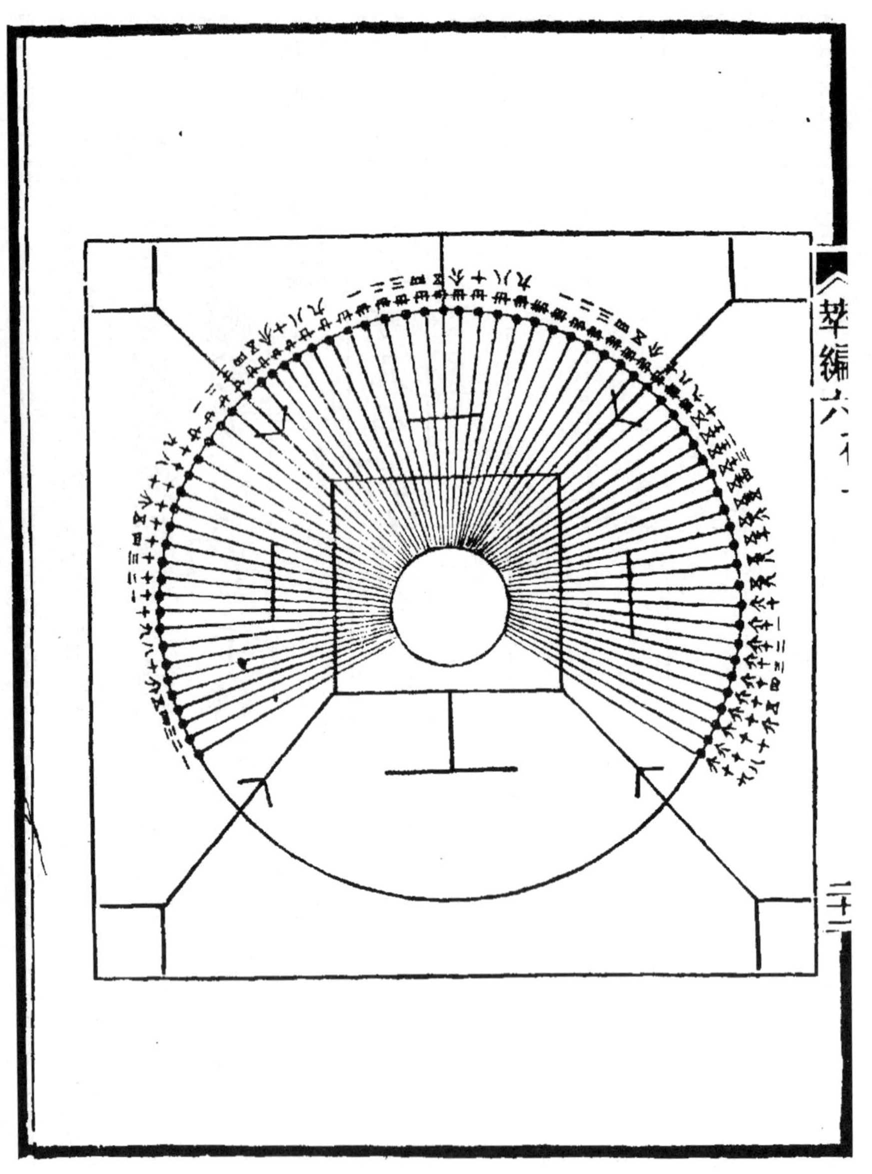

陶齋尚書賜示古製日晷玉盤及其拓本盤厚徑寸其心及周各有圓孔以備立表之用案盤心宜立定表其周用一遊表令定表直指北極則盤面與赤道平行使遊表之景與定表相合可知時刻其製甚古與近代官署所用者不同近製背面各刓時刻線祗立貫心軸表從春分至秋分景居盤面從秋分至春分景居盤背正當二分之日則面背均無景蓋日當赤道與盤周相應也此製以表景相疊無論何時皆可用之故盤背無庸刓線近製依新法日十二時時八刻每日九十六刻此製用古法每日百刻勻分全

周所刓之綫從一至六十九以篆文紀之北至蒙古南至瓊州悉可通用謹案　御製考成云京師北極出地卅九度五十五分夏晝冬夜各五十九刻五分夏夜冬晝各卅六刻十分其較廿二刻十分北極愈高其較愈多云云然則此晷可備極高五十餘度之用盤周本平分百分其卅一綫不並刓出者蓋其時日已入地無景可測故從省也承命題跋拓本謹抒管見如此未知其有當否也　湯金鑄跋

說文晷日景也考工記置槷以縣眡以景前漢書天文志日之去極遠近難知要之以晷景是古以日晷

測南北而不用以測時刻也陶齋尚書於歸化城得古日晷方尺有二寸面作平圓平分百分蓋古厤日法百分也空三十一分處以向日光其六十九分皆作深孔自心出線一一聯之且逐線紀其數圓心一孔徑三分深五分許蓋植表處也紀數外別無方向時刻及他文字與世之測時刻者迥殊蓋以北極出地南北各異黃道行天早暮有差用平晷以求時何異刻舟以求劍乎故不用晷以測時而但逐時以驗晷簡括精當自非後人所及其用六十九線者蓋古厤日法當是百分自日出迄日入其方向恰得此數

隱合後世寅初至戌正六十八刻之數加戌正一線爲六十九線可見懸理古今所同非可意爲多少也其無南北方向者以南北必測而後知難預定也其逐分皆作深孔者蓋慮日久兩線磨滅有孔尚可辨識也古人計慮深遠類此晷體邊角未甚剜缺者緣測量之事以堅植不動爲適用或庋諸臺或承以座非若他器之可移易者無多疑也紀數字篆刻極古七皆作十與十字等惟以直畫長短別之蓋西漢以前文字也考秦本紀昭王四十二年先書十月後書九月四十八年先書十月後又書十月恐屬七字之譌經史類此

者正復不少尙書考訂尤詳是晷也是以見古人立法之善制器之精計久遠而不憚煩且以存古文之眞而資考證經史之缺其可寶貴當與宣王石鼓光價並重矣

又案古厤雖不可考然帝典敬授民時一篇已見古人治厤並不牽合律呂自漢洛下閎作太初厤以律起厤定日法爲八十一附會遷就節外生枝古法斷不若是也是晷日法百分殊與漢厤不同而文字之古東漢以後未之見百分當是古法是殆太初前之物歟 周暻識

漢儒不明天道强以律數合天妄改古法作繭自縛太初等厤貽誤數百年莫能救正惟蔡中郎等乾象法較爲得之此晷用百分定非兩漢時物而其文字之古又非後人所能及故疑爲古厤如是而無可考證若謂蔡伯喈用所推乾象法刱造文姬仿製於胡故流傳於歸化城尚爲近理 瞟又識

鐘鼎古文凡十字均作十文姬匜或作丨聘鐘及公緘鼎作丨高克尊作丨召鼎與甲主諸文相似其有文作十形者均係古文七字秦器及西漢之器莫不均然東漢初年七字仍沿古體厥後七字行而十字廢而十爲七字

古文知者遂鮮竊以兩漢彝器款識或不詳年月今欲考其製器之後先則凡十字作十七字作十者均屬西京之物若易十爲七則爲東漢中葉之器矣試舉其證如辟氏鐘鼎款識所載孝成鼎作於延平三年而月上之字作十卽三年七月也甘泉上林宮行鐙作於五鳳二年而兩上之字作十卽六斤七兩也又好畤鼎亦成於西漢兩上之字亦作十與上文十一斤八百六十諸十字不同卽二斤七兩也阮氏積古齋鐘鼎彝器款識亦載漢好畤鼎其文曰好畤共廚銅鼎第十八斤一兩第十者就鑄鼎之次第言也

與成安宮鼎第五林華觀行鐙第一同例卽古七字八斤一兩則言其重漢周陽侯甗云第十八斤六兩則第下之字爲十字與好畤鼎作七者不同非十八聯文當作十八斤也周陽侯甗亦第十爲句八斤六兩爲句漢元延鋗月上十字與上文重十五兩之十字異形亦七月也漢尙浴府金行燭盤銘云第初八十四十與上文十一兩十字異形疑亦七字惟八七四聯文不可曉或十本作十阮書誤其形以上諸文薛氏阮氏均以十字釋之不知西漢諸器凡十字均作十至東漢中葉後十字始作十形與七字相混如建安弩機四月十三日漢桼棓一斤十四兩魏景初帳構銅五月十日十均作

十是也東漢初年七仍作十積古齋款識所載元康鐎斗元康之號漢宣帝晉惠帝均有之阮氏定爲漢器今考其銘文有一斤十四兩之語十與古七字相似必爲晉器故大官壺銘有建武十十之文阮氏以二十釋之其誤顯然惟阮氏之誤亦有所由來薛氏書所載汾陰宮鼎有銅鼎蓋十十枚銅鼎十十枚之文薛以二十枚釋之不知此乃七十枚三字也下文又云第二十三使總數僅二十安得有第二十三之文乎卽建武大官壺亦爲薛書所載彼書亦譌十七爲二十惟又易書爲廿以就其說復譌七下選字爲年更出阮書下耳蓋西漢之時雖攻金塼埴之工均諳悉古文七字建

武而降雖在經師仍多譌十爲十考工記云凡攻木之工七鄭注云故書七爲十鄭司農云十當爲七此非故書之誤也蓋七書爲十仍係古文是猶莊子達生篇十日戒三日戒十本作十後人譌書爲十非莊作十日與禮記七日異文也考工記輪人職云軌前十尺鄭注云十或作七亦十七二字互譌之徵史記周本紀載史儋言稱合十七歲而霸王出秦本紀作七十七老子列傳又作七十蓋七十乃十七之譌其作七十七者則又上衍七字亦二字互譌之徵也惟其互譌故孟子萬章篇云禹薦益於天七年禹崩史

記夏本紀作十年帝禹東巡狩至於會稽而崩蓋史記亦書七爲十後人譌爲十年遂與孟子不同又如鬻子云昰以禹嘗據一饋而七十起藝文類聚卷十二引作七起羣書治要及御覽所引均同七下無十字蓋鬻子原文作七起別本譌七爲十校者並而存之遂作七十起亦二字互譌之徵也幸有玉晉之文以證之陶齋藏石記

希古樓金石萃編卷六

希古樓金石萃編卷七

吳興劉承幹撰

石

漢口朝侯小子殘碑

石存二尺四寸廣二尺二寸

旺朝侯之小子也　山且齒履
彖學兼游夏服勤肎糸德儉而度一不
學中大生晨日被抱爲童冠講遠近稱
僚贈送禮賻五百萬已上君皆不受竭
不見雖二連居喪孟獻加等無日踰焉

行㠯君爲肖郡請署主薄督郵五官掾
否好不廢過憎知其善毋休遜在冢匿
廉除郎中拜謁者㠯能名爲光祿所上
訪姦雄除其蝥賊曜德戢兵怕然燕爲
卜葬含憂憔顇精傷神越終殁之曰
聲形銷氣盡遂㠯毀滅巽彥㦧痛者小
死而不朽當在祀典者矣故表斯碑㠯

丞之眞辭聘距賵高志淩雲烝烝其孝
顔凶哀動穹旻脈弁氣結㠯隕厥身

碑陰

米持

種樹

不

餘字俱摩泐不可辨

此碑在陝西出土上下截俱殘惟存中截然無摩泐猶可玩漢人隸書用筆之法字畫殊似郎中鄭固碑惜姓名已泐不可考耳

漢秥蟬縣平山神祠碑

石高四尺六寸廣一尺八寸

□武□丰四月戊午秥蟬長氵

□卌建丞屬國會□冊宗□立

□山神祠刻石辭曰

□惟平山君德配代嵩承天幽□

□佑秥蟬興甘風雨惠民立工

□氐壽考五穀豐□盜賊不起

□扨□臧出入吉利咸受神光

漢秥蟬縣平山神祠碑宣統二年高麗出土隸書有篆意後漢書郡國志樂浪郡下有占蟬今碑文

作秥蟬或當時之俗字也

漢平莒男子宋伯望買田記

石高一尺二寸五分廣一尺三寸

正面

漢安三年二月戊辰朔三日庚午平莒男子

宋伯望宋何宋□□在山東禺亭西□

有田在縣界中□元年十月中作廬塈田中

近田塈恐有當王道衺曲古有分境

無分民塈等不知縣□□冢有行

事永和二年四月中東安塞宜為

南下明所殺發所左盟等

所立石書南下水陽死千伯上□□

不安□徵玉紀与営

背面

別□南以千爲界千以東属

営道西□水□滦属東安□

殺宜以來界上平安後有留

界以立石□□□□□□事

此丁

左側

男亭長孫著是□□□

歸□莒賊曺掾□仲誠澂繳徐□審

□賊曹掾吳分長史蔡玥豎蕁古

福□□上有故千□紀冢有北行車道千封

上下相屬南北八千石界□受豎□□□

立名分明千北行至侯昇北東流水

右側

壬癸□□□□

左丙子界上

立冢民無所建祖

道堵界所屬給發

出更賦租銖不逋

漢宋伯望買田記光緒中葉在山東莒州城外出

土四面刻字惜字畫潦草不能盡識

漢賢良方正殘石

石高一尺一寸四分廣一尺六寸三分

賢良方正魏郡鄴

中葉有陵相重遭

至莒郡大守荊州牧

行蔫言忠否則獨善

仕就職脊馬羸車直
佐州戊戌詔書以有
將公徵應時屢旋不
元初二年六月卯卒
古人不負榮爵之
孝明守是保亢謀聖
昔乃顯祖節義高明
乃亟世亡英彥國
乾隆中葉河南安陽出子游殘石凡十二行此石
亦在其地出土審其書法文義卽子游碑之上截

中間僅缺一字二石出土先後百餘年可云金石奇緣惜子游一石置洛陽存古閣爲人竊去幸舊拓尚存猶可摩挲其文字耳

漢嚴道君曾孫孟廣宗殘碑

石高四尺六寸廣二尺

上缺丙申月建臨卯嚴道君曾孫武陽令之少息孟廣宗卒　一行

上缺遂廣四歲失母十二隨官受韓詩兼通孝經二卷博覽　二行

上缺⿰阝殳名爲瑝字孝琚閔其敦仁爲問蜀郡何彥珍女未

娶
上缺十月癸卯於塋西起墳十一月乙卯卒下懷抱之恩
心
上缺其辭曰
上缺結四時不和害氣蕃溢嗟命何辜獨遭斯疾中夜奄
逝
上缺慇忽然遠游將即幽都歸于電丘涼風滲淋寒氷北
流
上缺期痛哉仁人積德若滋孔子大聖抱道不施尚困於
世

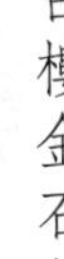
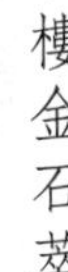

上缺淵𣱼遇此畱守善不報自古有之匪獨孝琚遭逢百

離

上缺覆恨不伸志翻揚隆洽身滅名存美稱脩飭勉崇素

意

上缺晧涼惠後昆四時祭祀煙火連延萬歲不絕勖于後

人

上缺失雛顛路哭回孔尼魚澹臺忿怒拔涿河世所不閔

下缺

上缺弍陽主薄李橋字文來　書佐黃羊字仲興

上缺記李昺字輔謀　鈴下任騾

漢孟廣宗碑光緒二十七年雲南昭通府城南十里白泥井民人馬氏舍旁掘土得之邑人謝崇基移置城内鳳池書院壁間

漢延熹土圭

專高一尺零七分上廣七寸下廣九寸二分三行十四字大徑四寸三四分小徑一尺二三分不等分兼行書

延熹七丰

五月九日己

卯日入時雨

此圭出於定州以土爲之蓋專之屬經盛伯希祭酒考定以爲五月九日是夏至考通鑑目録載是年四月辛丑朔六月庚子朔若四月大盡則五月爲辛未朔九日正是己卯圭所以測日故日入時雨必謹志之以覘推算之驗否耳書斷謂行書後漢潁川劉德升所造其後胡昭鍾繇並師之是延熹時固已有行書矣然當時乃由分入行故此刻雖近於行書仍是當時分書筆意不過務從簡易相間流行亦如書斷所云耳昔人謂章草乃解散隸體爲之余謂此時行書當亦近是然則即此十餘字而古書正變源流具

可見矣

匋齋師所藏東漢土圭計三行十四字其文爲延熹七年五月九日己口日入時雨今考東漢自章帝元和二年二月下迄靈帝熹平三年均用四分厤延熹七年歲在甲辰上距元和二年計七十八年下距熹平三年計十有一年其用四分厤甚明試依術推之四分上元下距延熹七年甲辰積九千四百四十五歲以元法四千五百六十除之餘三百二十五以蔀歲七十六除之得積蔀四命甲子一癸卯二壬午三辛酉四元和二年入辛酉蔀十七年外得不盈庚子者二十一減一入算凡步

氣朔術皆算至所求年前天正冬至而止故須減一則爲入庚子蔀第二十年以章月二百三十五乘之得四千七百二十以章歲十九除之得二百四十七爲積月不盡七爲閏餘無閏閏餘十二以上始有閏以蔀日二萬七千七百五十九乘積月得六百七十八萬六千四百七十三以蔀月九百四十除之得積日七千二百九十四不盡二十三爲小餘積日滿六十去之餘三十四爲大餘以所入庚子蔀名命之三十四之外得甲戌爲前歲即延熹六年十一月朔日即天正朔日其月小小餘四百四十一以下其月小四百四十一以上其月大遞加朔策大餘二十九小餘四百九十九滿九百四十從大餘得前歲十二月大餘

四小餘五百二十二以癸卯爲朔其月大本歲正月大餘三十三小餘八十一以癸酉爲朔其月小二月大餘二小餘五百八十以壬寅爲朔其月大三月大餘三十二小餘一百三十九以壬申爲朔其月小四月大餘一小餘六百三十八以辛丑爲朔其月大則五月朔日爲辛未五月九日當爲己卯以嚴舉碑延熹七年五月十一日辛巳證之其日益合是此圭己下之字確爲卯字無疑後漢書桓帝紀云延熹七年五月己丑京師雨雹己丑爲五月十九日距己卯之日僅一旬是月大餘三十一小餘一百九十七亦小

月也其日入時雨者即是年夏至之日也試依四分厤求節氣之術推之元熹七年入庚子蔀二十年以一百六十八乘之得三千三百六十以中法三十二除之得一百五五為中積日無小餘中積日滿六十去之餘四十五為中大餘以所入庚子蔀名命之四十五之外得乙酉為十一月十二日即前歲冬至之日欲求次氣加大餘十五小餘七得大餘六十小餘七亦以所入庚子蔀名命之六十之外得庚子即小寒日為六年十一月二十七日更以六年十一月小十二月大七年正月小二月大三月小四月大推之則大

寒當在十二月十一日雨水當在正月十一日春分當在二月十日穀雨當在三月十日小滿當在四月九日夏至當在五月九日故知入時雨即夏至日也足證夏至入時雨之說起源甚古月令言大雨時行即指此言此古器有益於稽時者也　又案名此器爲土圭始於盛伯希祭酒今考周代土圭掌於典瑞及玉人則以玉爲圭甚明故後鄭訓土爲度後世則以銅爲之見隋書律志均無製土爲圭之說然此器度以漢尺（建初尺）長一尺四寸八分續漢書律厤志引易緯謂夏至之晷長一尺四寸八分與此適相符合

玉人所記謂土圭尺有五寸特據成數言之耳又此器上狹下豐亦符圭制其爲夏至度景所用昭然甚明意東漢俗儒解釋周禮土圭或案文生訓以土爲土泥之土遂製土爲圭以爲度景之用此則民閒之器異於朝廷者也故書法亦與漢隸稍異已開六朝瘞鶴銘之先姑存此說以俟博考師培記陶齋藏石記

漢石經周易殘石

石高四尺六寸廣五尺四寸

悔厲吉婦子嘻嘻終吝六四富家大吉九五王假有家勿恤吉上九有缺初有終九四睽孤遇老夫交孚厲无

咎六五悔亡厥宗噬膚往何咎缺
譽六二王臣蹇蹇匪躬之故九三往蹇来反六四往蹇
来連九缺負且乘致寇至貞吝九四解而拇朋至斯孚
六五君子維有缺无咎酌損之九二利貞征凶弗損益
之六三三人行則損缺益利用攸往利涉大川初九利
用為大作元吉无咎缺惠心勿問元吉有孚惠我德上
九莫益之或擊之缺子夬夬獨行遇雨若濡有慍无咎
九四臀无膚缺色有魚无咎不利賓九三臀无膚其行
缺終乃亂乃萃若號一握為笑勿恤往缺見大人勿恤
南征吉初六允升大缺于幽谷三歲不覿九二困于缺

于葛藟于劓劊曰動悔有缺其福六四井甃无咎九缺

九五大人虒辯未缺酊悔終吉九四鼎缺九陵勿逐七

缺六艮其止缺咎六二缺凶缺

又二面

高廣與正面同

也

人作而

也終日乾

乃革飛龍在

揮旁通情也時

易曰見龍在田利見大

夫大人者與天地合其德

仁知得而不知喪其唯聖人乎

不善之家必有餘殃臣弑其君子

不孤直方大不習无不利則不疑其

也君子黃中通理正位居體美在中

原石空二行

剛柔而生爻和順于道德而理於義窮理盡性 以至

畫而成卦分陰分陽迭用柔剛故易六畫而成章也●天

艮以止之兑以説之乾以君之坤以藏之帝出乎震齊乎巽也者明也萬物皆相見南方之卦也聖人南面而聽天下鄉明也飲者水也正北方之卦也萬物之所歸也故曰勞乎

此石經周易殘字表裏刻凡五百餘字漢石經出土字數之多以此爲最藏萍鄉文素松家

漢石經周易殘石

石高一尺三寸廣二尺九寸五分

孚威如終吉䷥睽小事

上九睽孤見豕負塗

五大蹇崩来上六往蹇

解吉有孚于小人上六
一人一人行則得其友
六二或益之十朋之龜
立心勿恆凶䷪夬揚于
其行次且牽羊悔亡聞
且厲无大咎九四包无
无咎六二引吉无咎孚
吉九二孚乃利瀹无咎九
酒食朱紱方來利用享祀征
悔征吉䷯井改邑不改井无

五井洌寒泉食上六井收勿
占有孚上六君子豹辯小人
折足覆公餗其荆剭凶六五目
曰得六三震蘇蘇震行无眚九
无咎利永貞六二艮其腓不拯
鳿漸于般飲食衎衎吉九三鳿漸
无攸利初九歸妹以娣跛能履征
羊无血无攸利豐亨王假之
夷主吉六五來章有慶譽吉
于處得其齊斧我

顯巽著六四

疾有憙九五

无咎上九

涉大川

亨

反面

高一尺四寸廣二尺七寸半

以忄言

中心疑者其

曰乾元亨利貞初九
謂也子曰龍德而正中者
忠信所以進德也脩辭立其
三上下无常非為邪也進退
萬物睹本乎天者親上本乎地
乾行事也或躍在淵自試也
天乃位乎天德亢龍有悔與時
乘六龍以御天也雲行雨施天
八八君德也九三重剛而不中
與日月合其明與四時合其

却進邊存亡而不失其正者
試其父非一朝一夕之故也
所行也陰雖有美含之而
則暢於四支發於事業美

於命昔者聖人之作易也
以定位山澤通氣雷風相
相見乎離致役乎以說言
台蓋取諸也以

巨東北之卦也

此石經周易殘字近在洛陽出土爲關中于右任所藏

漢石經周易殘石

石高六寸廣七寸

各詑

上治也六

極乾元用九

平也君子以

不在天下

漢石經周易殘石

石高六寸廣四寸

踔吉无咎䷓觀

用獄初　屨校

輂而徒六二賁

凶六三剥无

石出洛陽藏西充白氏

漢石經魯詩殘石

石高九寸廣一尺五分

胍有宀

𢓸其𩃮宂
生挈闊與子
令人其三爰有寍
君子實勞我
馬濟盈不濡軌雉
采葑采菲無以
發我苟我今不説
生既育比予　其
歸㵖君之故胡爲乎
石出洛陽蘆遣與今本不同藏西充白氏

漢石經魯詩殘石

石高三寸五分廣二寸五分

力

賊蛑疾靡有

厲之階亂靡

𣏟

此石出洛陽藏武進陶氏

漢石經魯詩校記殘石

石高四寸廣七寸

言弟祿·四

言于緝●
于南海韓
辽徐國韓
兄齊
齊皆
既有
倚而
韓皆
着定
此漢時石經校記也熹平刻經時集諸經生校各

本異同

漢石經儀禮殘石

石高四寸廣六寸

𠂇北上

坐奠于篚下盥

當西序卒盥揖

立賓坐左執

面坐卒爵

卒洗揖

禮不

當西序

洗賔

漢石經儀禮殘石

石高七寸廣七寸八分

篚入篚

卒觶興坐奠觶

賔觶東南面授篚八

酬受酬者降席司曰

遂拜執觶興賔不席土

拜送降賔不奠于其所

二北面巽者降席

衆賓皆

階降復初位

以拜辱二

北面

漢石經儀禮殘石

石高三寸五分

者

賓出死三日不

饗明日以其胖

某甫饗𦙶而小

漢石經儀禮殘石

𠬝東

俎其西

東牛

上豆

此漢石經儀禮殘字石四方出洛陽現藏武進陶

氏

漢石經公羊殘石

石高三寸二分廣六寸

州孫豹
人既齊
赤楚㦸
十鄭公
月辛卯
用卒于
之弟鏄
有一月八
系萬
石藏西充白氏

漢石經公羊殘石

石高二寸七分廣六寸八分

十于師秋

月庚寅

月宋公固

子鰌邾婁

于鄢陵楚

父舍之于

宋公斿

公至

州滿上

石藏西充白氏

漢石經公羊殘石

石高五寸三分廣五寸五分

累

之甚欲立其

匡而立亥匡廢長而

息可謂不以其言奚里

奚又將寘人之圖為爾

乜文公之亨國短善

下　方伯天子諸侯

也　也其言

子氏之

言石賫石已聞

此石近在陝西出土或唐時爲人攜至關中耶

漢石經公羊殘石

石高一寸五分至三寸不等廣七寸三分

經六

有一

刌婁

又　今

冬大

天子使

邢侯鄭伯

公子嬰齊

齊人來媵

夏公會晉

石藏西充白氏

漢石經公羊殘石

石高二寸六分廣三寸五分

杞伯

滕子薛

之卒師侵

子光筥了

石藏西充白氏

漢石經敘殘石

高一尺六寸廣九寸

以經本各一通付大常誄

字庛毀所不却書簫解難固

本及傳記論語即詔所挍定以為可

列置講堂以叅當試壹勞而久逸暫費而
張玹司空熏集曹掾周達屬尹弘雜議
隱之士薊核聖術詵難傳義文指條暢以
戶惟也巡欲鑿石正書經字立於大學絶試
又隆暑炎赫非倉卒所成可須秋涼收

碑陰

高八寸五分廣二寸三分

引　孟郁之
夫子删詩書定禮樂欲今
日舊章平議餘所施行有益時要文

數年前曾在洛陽漢太學故趾掘得一石有隸書九行其中文云口學猾吏以八事相陰陽又一行云與光祿勳劉寛五官中郎將[illegible][illegible]堂谿二字僅存其半案水經洛水注陸機言太學贊別一碑在講堂西下列石龜碑載蔡邕韓說堂谿典等名今此石有堂谿字疑即此碑今年太學趾又出一石存字凡八行其中殘文云傳記論語郎詔所校定案詔疑郎邊韶後漢書文苑傳云韶自云腹便便五經笥徵拜太中大夫著作東觀云云碑又云巡欲鑿石正書經字立于太學案宦者呂強傳云時宦者濟陰丁肅下邳徐衍

南陽郭眈汝陽李巡北海趙裕等五人稱爲清忠皆在里巷不爭威權巡以爲諸博士試甲乙科爭第高下更相告言至有行賂定蘭台桼書經字以合其私文者乃白帝與諸儒共刻五經文字於石於是詔蔡邕等正其文字自後五經一定此殘文之巡定爲李巡所言欲鑿石正書經字與宦者傳所云正合後人以熹平石經皆歸功於伯喈而不知建議者實爲李巡幸賴殘石尚存得以證明史傳殊可寶矣松窗金石文跋

漢石經敘殘石

石高二尺廣一尺一分

貝乾

實則虛桓

與五經博士

字摩滅解落重脫

軍言孝夏紛紛家殊

學猶吏以人事相陰陽或競

曰聞留心稽古汲汲祕觀挍序文

曰雜與光禄勳劉寬五官中郎將堂

實弁相奪論額下大司

石藏京師圖書館

漢石經表殘石

石高一尺四寸廣一尺

詩　傳弓彡犴

巨良中孫進尚書小夏侯言

紐考合異同各遵家法是正五工

患苦賴蒙

藝孜孜匪懈今問不已廣化言

曰緣生姦無以防絶毒徵

孝官選守職畏事百言

稽古以大學久廢

丰六月三府

士卒皆出

韦

石藏京師圖書館

希古樓金石萃編卷七

希古樓金石萃編卷八

吳興劉承幹撰

石

魏正始三體石經尚書殘石

石高四尺六寸廣四尺一寸

周周周公公公曰曰曰烏烏烏虖虖　厥

厥厥亦亦亦惟惟惟第一行卑卑卑服服服

即即即康康康功功田田田功功功徽

徽徽第二行朝朝朝至至于于于日日日

中中中昃昃昃不不不皇皇皇第三行于

于遊遊遊亏亏于田田田㠯叺以歷歷無

邦邦邦惟惟惟第四行或國國五五五十十

十年年年周周周 曰曰曰烏烏烏

第五行亏亏于逸逸逸亏亏于遊遊遊亏亏

于田田田㠯叺以萬萬萬第六行乃乃乃非

非非非民民民所所所訓訓訓非非非而而

天所所所若第七行之之之迷迷迷

亂亂酗酗亏亏于酉酒酒德德德木木

十周第八行胥胥胥訓訓訓告告告胥

胥胥保保保惠惠惠胥胥胥教教教誨

第九行 耴聽聽八八人乃乃乃訓訓訓之

之之乃乃乃繇繇繇亂亂亂先先先 第十行

用用用厥厥厥也也必莫韋韋命命怨不

不不彭則則用用用厥厥厥 第十一行 中仲仲

宗宗宗及及及高高高宗宗宗及及祖

祖祖中中甲及及及 第十二行 告告告之之之

曰曰曰心小小小人人命命怨中中女宮

宮言中中女 第十三行 兄兄兄若若若時時時

不不不商商商不不不敢敢敢含含含

聖怨 第十四行 曰曰曰心小小小人命命怨

中虫女宮宮宮中虫女則則則信信信也

第十五行 紹紹紹厥厥厥心心心亂亂

亂亂罰以無無辜辜辜殺殺殺以無無第十

六行以以曰維為為秉虔虔嗣嗣嗣王王王

其其其征監監于于于茲茲茲第十七行君君

君鄭鄭第十八行

周周周公公公蔑苦若以以曰君君君第十

九行周周周既既既爰爰受我我我弗弗弗

設設敢督智智厥厥厥六基基家家于第二

十行設設敢督智智以以曰其其其寅崇崇

出出出於於於不不不祥祥祥烏烏烏第二十一行寧寧寧于于于上上上帝帝帝命命

命弗弗弗永永永遠遠遠念念念天天天

田第二十二行我我我後後後嗣嗣嗣子

子子孫孫孫大大大弗弗弗克克克龔龔

龔上上上下第二十三行命命命不不不

易易易天天天難難難忱忱忱乃乃乃其

其其墜墜墜命命命弗第二十四行在在

在今今今予予予小小小子子子非非非

克克克有有正正正迪迪迪屖第二

十五行　曰曰曰　天而天　不不不　可可可

信　我我我　德德德　惟惟惟　寧寧寧　王王

惪　第二十六行　命命命　公公公　曰曰曰

君君　我我我　聞聞聞　在在在　答答答　成成

成　湯湯湯　既既　第二十七行　于于于　皇皇皇

天天天　在在在　大大大　甲甲甲　時時時

則則　有有有　若若　保保　第二十八行

陟　臣臣臣　格格格　于于于　上上上

帝帝帝　巫巫　咸咸咸　乂乂　王王王　第二

十九行　賢賢賢　在在在　武武　丁丁

時彡貝財又又有𦮙若日曰甘監監監
衛衛衛 第三十行 殷殷段禮禮隨隨
陟配配配亢而天州多多歷歷歷年年
所所所亢而天惟惟惟 第三十一行 九
九人罔罔罔不不不秉秉秉德德德明明
明鉛卻卻必川小臣臣屏屏屏戻戻焦
佃佃 第三十二行 用用縣文文厥厥厥
辟辟古故故弋一九九人事又事于于
于三四四方方方彝彝 第三十三行 君君君
寶寶寶亢而天寶 平平平俗俗俗俗

石三

保保保有有有殷殷殷有有有殷殷

第三十四行

魏正始三體石經春秋殘石

石高四尺五寸廣四尺一寸

戍戍戍刺刺刺之之之楚楚楚人人人救

救救衛衛衛三三三月月月丙丙丙午

第一行 人人人夏夏夏四四四月月月己

己己巳巳巳晉晉晉侯侯侯齊齊齊師

師宋 第二行 濮濮濮楚楚楚師師師敗

敗敗績績績楚楚楚殺殺殺其其其大大

大夫夫夫身 第三行 丑丑丑公公公會

會會晉晉晉侯侯侯齊齊齊侯侯侯宋

宋公公公蔡蔡蔡侯侯 第四行 土土土陳

陳陳侯侯侯如如如會會會公公公朝

朝于于于王王王所所所[illegible][illegible] 第五行 衛

衛衛元元元咺咺咺出出出奔奔奔晉

晉陳陳陳侯侯侯款款 卒卒 第六行 齊

齊齊冬冬冬公公公會會會晉晉晉侯侯

侯齊齊齊侯侯侯宋宋宋 卜

第七行 秦秦秦人人人于于于溫溫溫天天

五百三 二

天王王王戲　狩于于于川河

十千第八行衛衛衛侯侯侯遺歸歸止止

之于于于京京京師師師衛衛衛第九行訖

訖許鑄鑄書白伯伯襄襄襄還還還還歸

歸于于于鑄鑄書第十行殺不不齊萬萬萬書

盧盧逨　來公公公至至至自自自圍圍

圍訖　第十一行人人人陳陳陳人人人柔

蔡蔡人人人秦秦秦人人人盟盟盟于

第十二行戊午卅卅年年年春春王王王正

正正月月月是夏夏秋秋秋　第十三行

子子子瑕瑕衛衛衛侯侯侯奠鄭鄭

歸歸于于于衛衛衛 第十四行 王王王使使使

宰宰宰周周周公公公來來來聘聘公

公公子子 第十五行 年年年春春春取取取

濟濟濟西西西田田田公公公子子子遂

遂 第十六行 免免免牲牲牲猶猶猶三三三

望望望秋秋秋七七七月月月冬冬 第十

七行 二二二月月月衛衛衛遷遷遷于于于

帝帝帝丘丘丘 戊未卅又 第十

八行 丑丑丑奠鄭鄭白伯伯捷捷捷卒卒卒

衛衛衛八八人侵侵侵狄狄狄狄第十九行王己之非邦卯晉晉晉侯侯侯重重重第二十行亘亘亘令令卒戍戍世世

淄淄齊侯侯侯侯使使使或國國歸歸歸之與文逮來來來聘聘是夏夏夏第二十一行于于于肇殺殺殺癸癸癸己己已葬葬葬晉晉

晉文文文公公公狄狄第二十二行從衛衛衆師師伐伐伐鄭鄭鄭晉晉晉八八人敗敗敗狄狄狄于于第二十三行公公公至至至自自自淄淄齊之之人己以已公公公

蔿蔿蔿于于　第二十四行　人人人陳陳陳人

人人眞鄭鄭人人人我伐伐許許許　第二十五行

文文文公公公第第第六六六

第二十六行　元元元萅萅萅萅春王王王

正正月月月公公公即即即下　第二十七行

服服服服徠來來會會會葬葬葬

是夏夏三四四四月月月下　第二十八行　徙

來來錫錫錫公公公命命命晉晉晉侯侯

侯我伐伐衛衛衛笄　第二十九行　公公公

子孫孫敖教會會會晉晉晉侯侯侯于

于于遷戚戚與 第三十行 君君君顧顧顧

公公公孫孫孫教教教如如如衛衛

第三十一行 師師師戰戰戰于于

于彭彭衛衛衛秦秦秦師師師則

第三十二行

魏三體石經尚書春秋殘石

石高一尺九寸廣一尺三寸五分

在今今今後 詢詢詢王王王誕

誕 第一行 家家家誕誕誕淫淫淫厥厥厥

逸逸逸罔罔罔 第二行 大大大喪喪喪惟惟

惟天天天弗弗弗畀畀畀 第三行 辟辟辟

于于罰罰罰王王王若若若曰曰 第四行

有有命命命曰曰曰割割割殷殷殷告

告告 第五行 適適予予予其其其曰曰曰

惟惟惟爾爾爾 第六行 即即于于于殷殷

殷大大大戾戾戾綏明 第七行 西西西

爾爾非非非我我我 第八行 文王王王

曰曰曰遷遷 第九行 革革革是是

第十行 入入入惟惟 第十一行

右古篆隸三字石經尚書多士篇殘字刻石之表

面存凡十一行前七行行十六字八行十一字九

行九字十行六字十一行三字

夫夫夫第一行敔敔隶及及第二行吾許

人人人殺殺救第三行地震震震與與

冬楚楚楚子第四行曹曹曹蔡蔡蔡公

公公第五行晉楚楚楚殺殺殺

其其其大大大夫夫第六行子盟盟

盟于于于沖沖東粟與與第七行坐

蔡年吉舊春楚楚楚子子子旅伐仁第八

行德來來淳朝朝公公公子子子德徐

第九行 十十

十 第十行

右古篆隸三字石經春秋文公經殘字刻石之裏面存字凡十行首行三字次行五字三行八字四行十一字五行九字下作空格因其次一行提起書也其六七八九十五行每行皆十六字字畫較表面稍有殘泐處凡尚書存三體一百十五字春秋存三體一百又五字石出雒陽朱家格答村案隋書經籍志三字石經尚書九卷又五卷三字石經春秋三卷目次於魏文帝典論循史家時代編例石經作三字者允

歸爲魏鐫方匋跋張景元所藏石經見方勺泊宅編謂爲蔡中郎書洵爲史誤泊宅編曰予弟匋博學好古石經跋尾云右石經殘碑在洛陽張景元家世傳蔡中郎書至魏正始中又爲一字石經相承謂之七經正字今此所傳皆一體隸書必魏世所立者又曰前史所謂三字石經者卽邕所書匋誤一字爲魏不得不以三字爲邕書矣志云魏正始中又立一字石經乃雕本相沿譌三爲一竹垞朱彝尊經義考辯析至當後漢書儒林傳序謂爲古文篆隸三體書法以相參檢樹之學門張演石經考辯邕生漢末決難能以三體寫經注言古文謂孔氏壁中書孔壁所藏皆科斗文字孔安國當武帝之世已稱科斗書無能知者其承詔爲五十九篇作傳爲隸

古定不復從科斗古文邕安能獨具三體書法於安國之後三百年哉或者邕以三體參檢其文而書丹於碑則定爲隸亦如安國之書傳邪演所論雖據僞孔傳序而語殊精鑿孔壁古文書未立學官熹平中邕等奉詔正定亦易則施孟梁邱書則歐陽夏侯詩齊魯韓而已科斗古文當時實未考及後魏書劉芳傳謂漢世造三字石經於太學以正始爲漢誤矣楊衒之雒陽伽藍記稱國子堂前有三種字石經二十五碑表裏刻之寫春秋尚書二部作篆科斗隸三種字其謂中郎蔡邕遺跡係沿范書儒林傳序而誤從楊氏說並隋志卷數

推之尚書十四卷春秋三卷分鐫石之表裏碑凡二十五今勘所得諸雒陽者大小卄二石洵爲春秋一面尚書一面而其距者廣至漢尺四尺一寸就碑式度之適得二十五碑之一顧尚書卷數四倍春秋而羨多寡縣差勢有難能律一閒必有兩面爲尚書者嘗見石經尚書殘出下卷所錄臯陶謨益稷篇殘字有篆隸竝行而中列古文其上而字徑之小頗差於此所見二碑其或因尚書一面字較緐多石不敷書特變其行款而趣成之者乎惜石多破碎未能睹其兩面致不可考然伽藍記碑數隋志卷數斯出之目睹未可遽云其

謬案隋志錄尚書九卷又五卷次錄春秋三卷所謂九卷者或爲尚書前部刻碑之二面若皋陶謨益稷篇等是也而所謂五卷者爲尚書後部與春秋三卷表裏分鐫若無逸篇君奭篇等是也特書勢迥殊未敢遽云其然酈道元水經注謂魏正始中又立古篆隸三字石經樹之於堂西碑石四十八枚說與楊氏伽藍記不同顧伽藍記謂石碑四十八枚表裏隸書寫周易尚書公羊禮記四部似指熹平石經而言楊氏誤二十五碑三字者爲邕所書則四十八枚一字者當亦誤爲魏刻匡謬糾繆則四十八碑適爲熹平一字經也徵之陸機雒陽記謂本碑凡四十六雖少二碑而堝指爲漢碑數也酈氏所云魏刻碑數當或誤記歐陽棐集古錄目偁石經遺字古文篆隸三體凡八百

二十九字謂後漢熹平中校定五經使蔡邕以三體書云云亦沿范書而誤正始石經發見諸世莫前乎此洪相文惠錄入隸續得古文三百七篆文二百十七隸書二百九十五偁石經左傳遺字今讎校其文多雜尚書句類非所謂左傳殆會萃表裏殘字尚書春秋竝鑱之於一石者隋志無左傳目且碑石二十五欲盡春秋左傳尚書而悉載之不獨碑未經睹抑亦情事所未能也或謂孫淵如嘗辯其文爲尚書春秋二經尚書則大誥呂刑文侯之命春秋則桓公經傳莊公經宣公經襄公經也案唐藝文志有三字石經左傳十二卷古篆書孔疏正義嘗舉石經古文抑石經原有左傳而隋志失載抑鐫刻未成其書自不完邪考晉書裴頠傳頠奏修國學刻石寫經晉無石經聞世頠請寫刻當或魏刻之未完者是則石經雖有

左傳亦缺本耳故隋志未載據歐陽氏言皇祐中有蘇望者得模本左傳於王文康家僅取其完者而刻之隸續載蘇氏跋謂其石斷剝字多亡缺蓋蘇君未見原石僅據墨本殘字未嘗校攷徒取其完好者刻耳閒見雜有春秋不析表裏異事遂謂之左傳然隸續又云慶厤中夏文莊集古文四聲均所載石經數十字有爲蘇氏所無者而蘇刻古文亦有均所不收者謂石經淪落之餘而兩家所收或自不同然則正始石經見於宋之世又不止蘇望一碑但自是以降歴宋元明

國朝且六百餘載今始見漢魏石經之出世已　嘗

取梓行經本與此雠校援證異同古誼頗著爰臚舉諸家以見古今之別而梓槧傳譌容有所不免也

春秋經僖二十八年陳侯款卒石本款作酄三十三年公子遂帥師代邾石本帥作衛楷變作率與公羊春秋同案帥率皆假字經傳互通用之易師卦長子帥師禮月令賞軍帥武人於朝左成十三年傳晉帥乘和荀子富國篇將率不能則兵弱毛詩旄丘序方伯連率之職帥率義竝同也文九年葬曹共公石本共作恭陸德明釋文共音恭案共恭聲義俱通疏詳於後

尙書多士篇誕淫厥泆石本泆作逸釋文泆音逸又作佾案泆逸佚劮字通論語逸民伯夷叔齊漢書梅福傳佚民不舉毛詩十月之交民莫不逸孟子以佚道使民左隱三年傳驕奢淫佚酒誥淫泆于匪彝無逸蔡邕石經作無劮是泆逸字義一也無逸篇自朝

至於日中昗不遑暇食石本遑作皇昗作昃釋文昗音側本亦作仄案皇爲偟之假字爾雅釋言偟暇也揚子法言忠臣孝子偟乎不偟漢張表碑匪偟時榮字亦作遑毛詩殷其靁莫敢或遑𣅀即昃說文日在西方時側也從日仄聲梓本作昗係從徐楷本之別出字也釋文謂本亦作仄而於易離卦日昃之離則引王嗣宗作仄是昗爲俗字昃爲本字仄其假字也昃亦或書作𣅀周禮司市大市日𣅀而市與此石本同也𣅀即昃之變體

文王不敢盤于田以庶邦惟正之供石本作于遊于田多子遊二字無皇曰今日耽樂乃非民攸訓非天攸若石本攸作所案攸所轉注字爾雅釋言攸所也

無若殷王受之迷亂酗於酒德哉石本哉作才爾雅釋詁哉始也邢疏曰哉古文作才說文云才艸木之初也以聲近借爲哉始之哉毛詩文王陳錫哉周鄭箋哉始也今石本以才爲哉借才爲語助之哉也

民否則厥

心違怨否則厥口詛祝石本兩厥字上有用字否作不違作韋說文否不也經傳否多作不韋爲違之本字說文韋相背也從舛口聲段氏注曰今字違行而韋之本義廢矣酒誥薄韋農父馬云韋違行也據羣經音辯則古文尚書當如是中宗石本作仲宗漢華山廟碑仲宗之世隸釋云以宣帝爲仲宗則是借仲爲中允若時石本隸允作兄篆亦作允安陽漢殘碑兄字子游兄作允形隸變體舛每致口厶辯無不寬綽厥心石本綽作紹綮紹古音弨蚩招反聲近於綽毛詩常武匪紹匪舒鄭箋緩也義亦同綽罰無罪石本作辠說文辠犯法也秦以辠似皇字改爲罪今經傳多以罪爲之君奭篇我有周既受我不敢知曰厥基永孚于休若天棐忱我亦不敢知曰其終出于不祥石本作我弗敢智無曰字當或梓行經本傳刻譌舛

析智爲知曰二字不石本作弗終作崇案終崇聲義並通詩河廣誰謂宋遠曾不崇朝鄭箋崇終也大弗克恭上下石本恭作龔案共恭龔字通假墨子明鬼篇引夏書禹誓曰予共行天之罰今書作予惟恭行天之罰呂覽先己篇高誘注引此書則作龔行是共恭龔字互相通用而古文書或作龔也天難諶乃其墜命石本諶作忱墜作隧諶忱字同詩大明天難諶毛作忱韓作訦詩蕩其命匪諶韓作訦說文引作忱墜本作隊假作隧荀子儒效篇至共頭而山隧楊倞注隧讀爲墜淮南說林訓縣垂之類有時而隧高誘注隧墜也在武丁時則有若甘盤石本甘盤上有曰字以上略校異同見梓本俗譌而石本猶存古義斯時梅賾書未出其仍伏生之尚書也無疑考後漢自建武立學尚書歐陽大小夏侯春秋嚴顏皆今文家言

隸釋所錄漢碑祇公羊傳無春秋經文莫由取證第所錄石經尙書則頗有異是者如無逸作毋劮無皇作毋兄其祟出於不祥作其道出於不詳斯正始所據經本自有異於邕所正定者也甄之衞恆四體書勢見晉書衞瓘傳正始石經派出邯鄲淳淳擅籀篆古文其尙書古文學歟　衞恆四體書勢曰漢武帝時魯恭王壞孔子宅得尙書春秋論語孝經時人以不復知有古文謂之科斗書漢世祕藏希得見之魏初傳古文者出於邯鄲淳恆祖敬侯寫淳尙書後以示淳而淳不别至正始中立三字石經轉失淳法因科斗之

名遂效其形恆當其世嘗習聞其事說最足據酈道元水經注論三字石經推爲魏正始刻說即祖自恆愚意論莫切是宅則無可徵也諸家惑於范書誤於隋志仍爲熹平開刻蔡中郎邕書失其據矣淳潁川人附見魏志王粲傳裴注引魏略（淳一名竺字子升博學有才章初平時從三輔客荆州荆州內附太祖聞其名召見甚敬異之）淳善倉雅蟲篆許氏字指此魏書江式傳（淳博學開藝善倉雅許氏字指）淳與張揖同時入體六書精究閑理以書教諸皇子揖清河人魏初爲博士著埤倉廣雅古今字詁淳傳古文於魏之初世於史可甄而三體石經出於淳之門下又從可闕其

緒餘矣江式傳謂魏建三字石經於漢碑之西其文炳蔚三體復宣敘爲邯鄲淳顧亭林金石文字記譏其不考衛恆所論引胡三省通鑑注謂魏碑以正始年中立漢書言元嘉元年度尚命邯鄲淳作曹娥碑後漢書列女傳至元嘉元年縣長度尚改葬娥於江南道旁爲立碑焉注引會稽典錄上虞長度尚弟子邯鄲淳字子禮時甫弱冠而有異才因試使作曹娥碑操筆而成無所點定其後蔡邕又題八字曰黃絹幼婦外孫虀臼時淳已弱冠自元嘉至正始九十餘年謂爲淳書非也案恆之四體書勢稱漢建初中扶風曹喜書少異於李斯而亦稱善邯鄲淳師焉略究其眇韋誕師淳而不及也太和中誕爲武都太守以能書留

補侍中魏氏寶器銘題皆誕書也建初爲漢章帝年號太和爲魏明帝年號閒距百五十年據裴注引魏略黃初初文帝以淳爲博士給事中淳教於魏之初世信當其會誕而師淳時亦未遠謂親炙乎淳也可若淳師喜則誠非情事所能殆僅效其遺榘如孟子所謂私淑歟則亦邕之流亞也恆又謂蔡邕采斯喜之法爲古今雜形然精密閑理不如淳也淳之學推重於魏晉之士殆非邕所能及後漢熹平中邕奉詔正定五經勒石大學門外邕雖自謂以古文篆隸三體參檢出之而淳門諸子崇其師說必有不滿於邕

之書者斯三體石經所以有復作於魏之世也壁中書雖不傳世然河閒獻王嘗得古文先秦舊書漢景十三王傳獻王所得書皆古文先秦舊書周官尚書禮禮記孟子老子之屬皆經傳說記七十子之徒所論立毛氏詩左氏春秋博士藝文志著尚書古文經四十六卷春秋左氏傳三十卷斯皆未入祕府而存之民閒者且都尉朝傳安國書賈公傳左氏傳漢儒林傳孔安國以古文尚書授都尉朝朝授膠東庸生庸生授清河胡常又劉公子以左氏傳訓故授趙人貫公貫公爲河閒獻王博士子長卿授淸河張禹禹與蕭望之同時爲御史數爲望之言左氏望之善之師儒授受古文經家說固未絕世據張演所引漢建武時杜陵避地河西得古文尚書一軸諸儒共傳寶之是竈觚蠹簡猶有未泯

者淳師曹喜而博學當習見之案度尚傳注引續漢書尚通京氏易古文尚書據會稽典錄淳爲上虞長度尚弟子則淳嘗恆授古文於尚矣其於古文經說非無師法在也祖敬侯固嘗從淳受尚書淳藝術精湛聲蜚於魏晉洵非邕所能齊而所爲古文爲韋誕之屬所襲以寫經者當亦淵源有自也邪第以古文論自秦滅學蓋又難言其緒系秦八體書雖列大篆實乃篆之緐者不能必其爲籀漢藝文志史籀十五篇殆秦大篆稱史書者尉律所云諷籀文九千字乃得爲吏是也惡得不殊乎周也孔壁漆書藏諸祕府閒有傳之世者又能讀者尠孔安國以今文讀古文雖自謂得抑何

非意屬也新莽使甄豐改定古文論者詆豐不能明往往雜以小篆是所謂古文學漢魏諸儒雖多有傳習而其去於殷周固已云遠則淳誕輩所稱古文洵未可悉以彝器款識例也許叔重說文著文九千三百五十三重一千百六十三中多明古籀其言曰壁中書者魯恭王壞孔子宅而得禮記尙書春秋論語又北平侯張倉獻春秋左氏傳郡國亦往往得鼎彝其銘卽前代之古文皆自相似雖叵復見遠流其詳可得略說也繇是觀之今欲講漢魏古文舍說文所載其道殆無從葢漢世閭里授受篆隸雜出不復知

有殷周古文雖時閒稱古籀䪢之郡國所出鼎彝槃鑊各殊今諸家所存鼎敦尊罍皆西周以上法物據以證漢魏之古文無乃納圜枘於方鑿詎遽云盡合而不鉏鋙者乎雖然淳之學泰半出許氏儻采許書所乘古籀援以證正始石經源流道源其則不遠所謂邯鄲淳學其師承所自得不藉以闚見者哉　汾陽郭忠恕汗簡徵引極博所稱古文尚書古周易古周禮古春秋古月令古孝經古論語古樂章古毛詩古尒疋古史記義雲章等籍悉先代秦漢之遺帙也今書久散佚無可取徵茲援許書古籀䪢證石經科

斗誼有未通則采郭氏說參質異同閒或猶有未適則更益以楊桓六書統閔寓五六書通比類會通引伸取義其於淳之古文庶可見其概略矣許書示古文作𠘧石經科斗於從示之字篆悉作川如其祟出於不祥祥之作䄻是從古文𠘧也韋古文作𡗗石經科斗於從韋之字書皆作𡗗如用厥心韋怨韋之作𡗗楚人救衛衛之作衞公至自圍許圍之作圓是從古文𡗗也許書得古文省彳作㝵會古文作給矦古文作𥎦卯古文作兆爾古文作尒我古文作𢦔革古文作𠦝工與功通古文作𢀛從彡時古文作旹石經

楚殺其大夫得臣公會晉侯齊侯宋公蔡侯己卯晉
侯重耳卒予其曰惟爾洪無度非我一人殷革夏卑
服卽康功允若時科斗得作㝵會作佮侯作厌卯作
兆爾作尒我作㦰革作𠦝工作玊時作旹一與許書
同范無稍乖異許書中籀文作𢆉石經中宗及高宗
科斗中作𢆉斯從籀文𢆉出也敗籀文作𣪉石經楚
師敗績敗科斗作剫許書則下重文有剫字古文同
形例可假借則剫亦從籀變也秦籀文從秝作𥝌石
經公會邾人秦人于溫秦科斗作𥝌與古文尚書汗簡
所引之𥝌字同是從籀文𥝌省也又許書冬古文從日

作𠔵石經冬公會晉侯齊侯宋公冬科斗作𠔵䙴與遷通古文作䙴帝古文作帝石經衛侯遷于帝丘遷科斗作䙴帝作惠惪與德通古文作㥁石經迷亂酗于酒德德科斗作悳罔古文作㒺石經誕淫厥泆罔顧于天罔科斗作冈斿古文作遊石經不敢盤于遊田遊科斗作遊怨古文作𢙐石經否則用厥心違怨怨科斗作𢙐敢古文作敢智古文作𥏼石經我不敢智敢科斗作敢智科斗作𥏼遠古文作𨗨石經弗永遠念遠科斗作𢓊克古文作𡕒古老子作𡕒石經大弗克龔上下克科斗作𡕒是皆與許書古文同軌而

小異者也至若石經巫咸乂王家巫之科斗晉與許書古文㬱異胥教誨教之科斗斆與許書古文斆效異伊陟臣扈扈之科斗𡵓與許書古文𡵓異是又從古文省變而異形者也又石經天王狩于河陽狩科斗作獸案淮南覽冥訓狡蟲死高誘注曰蟲狩也是狩獸字漢人常通用之司隸校尉楊孟文頌曰惪虫蕣狩蕩陰令張遷表曰帝遊上林問禽狩所有皆以狩爲獸公孫敖如齊敖作㝠敖傲同說文引虞書無若丹朱㝠迷亂酗于酒德迷作麋麋疑卽麋字厥基永孚于休若基作丌說文丌下基也薦物之基又基牆始也公朝于王所朝作淖介葛盧來來作迷爾雅釋訓不俟不來也釋文來本亦作徠又作迷衛侯鄭歸于衛鄭作奠屏侯甸屏作幷是以獸

爲狩㝑爲敖麃爲迷丌爲基淖爲朝逨爲來奠爲鄭井爲屏也於假借古誼尤稱無乖石刻之有功小學不鮮晉侯齊師師科斗作[illegible]古孝經古老子師皆作帀形與此類宋公蔡侯蔡作[illegible]古春秋蔡作[illegible]體少加異陳侯顧卒陳作𨻰與古老子陳同衛元咺出奔晉咺作[illegible]汗簡於亘作[illegible]卽𩫖字說文謂籀文垣從𩫖不從土斯假垣以爲咺也公會邾人秦人于溫溫作[illegible]王庶子碑作[illegible]與石經同六書統作[illegible]更從以韋體益緐矣歸之于京師歸作[illegible]古老子作[illegible]曹伯襄復歸于曹襄作[illegible]閔氏引古文作[illegible]與此相類又

引籀文作□復作□昭卿字指作□與此小異介葛盧來盧作□郎盧字說文臚皮也此以臚爲盧也春王正月春作□古孝經作□郎曹字公子瑕瑕作□閔氏引古文奇字作□古老子作□王使宰周公來聘宰作□不詳使作□古老子作□晉侯重耳卒重作□閔氏引籀文同此齊侯使國歸父來聘聘作□六書統作□形變而益以馬旁乃騁字也公孫敖會晉侯齊侯于戚戚作□古孝經作□□晉侯及秦師戰于彭衙戰作□閔氏引籀文作□衙作□唐出岐陽石鼓從吾字作□案說文悟古文作□漢人傳

古文固嘗以丞爲吾矣誕淫厥逸厥作𠨘古孝經作
𠨘義雲章作𢿢字同從禾從邑而形小變也逸作𨒪
閔氏引古文作𢖀惟天弗畀弗作𢎞義雲章作𢎞王
若曰若作𦍒古尚書作𦍒割殷告勑于帝割作𠝹古
老子作𠝹殷作𣪘存乂切韻作𢔈逸古摘作𢔈王曰
繇繇作𨘋閔氏引古文作𨘋義雲章作𨘋形俱相
類而體遞省也以庶邦惟正之供邦作𢔈閔氏引古
文奇字與此相類古文邑多作𨛜形也亭國五十
年國作𡈼古孝經作𡈼其崇出于不祥周公曰烏虖
烏于皆作𢓊古老子作𢓊與此小異乃非民所訓民

作□此借敏以爲民也六書統作□亦與此同迷亂酗于酒德迷作□古老子作□殆假麋爲迷亂作□是從說文本字□出酒作□說文謂□象古文酒之形也乃變亂先王之正形變作□古周易作□形近相通我有周旣受受作□古孝經作□我後嗣子孫嗣作□閔氏引大篆作□乃其隧命隧作□閔氏引籀文豕作□是假遂以爲隧也案易震遂泥釋文云遂荀本作隊俗作墜義同在今予小子旦今作□予作□閔氏引古文今及古文奇字余與此同形我聞在昔成湯聞作□閔氏引古文作□在作□古孝經作□有若巫賢賢作□

與說文古文同古老子作□未得爲徵說者凡十四夏作□從日從疋疋古文雅字案雅夏聲通墨子天志下於先王之書大夏之道之然俞樾曰大夏卽大雅也雅夏字通荀子榮辱篇越人安越楚人安楚君子安雅儒效篇居楚而楚君越而越居夏而夏是夏與雅通也濮作□以僕爲濮捷作□續作□從辵從責省殺作□從攴殺作□介作□葛作□年作□從禾狄作□從卒宰作□淫作□崇作□忱作□至若刺作□救作□己作□許作□後作□喪作□惟作□以佳爲惟戾作□從立寧作□則一出於篆無須博徵也綜觀石經科斗與秦漢所稱古籀兩參質證無不可融通雖□或體間緐省形有革詭究

其淵源所自靡不若出於一而從知淳之古文所授於魏之世者其於秦大篆漢志史籀必不甚遠蓋漢人傳學最重師法不獨於經術然也魏晉之閒道猶有存陵遲至於拓跋氏字興別體藝術榛蕪而授受統系乃不復可稽良可歎已　吳維孝漢魏石經殘字考

魏皇女殘碑

石高三尺二寸廣八寸六分

女丰九歲字皇女太尉公玄孫之子孝廉君之女司空宗公之外孫也咨爾體之淑姣嗟末命之何辜方乩毀

而捻甬遭广鷹而逝且 □□□

□戈俊

此碑甲子年洛陽出土字勢方勁殊有黃初風格雖年月已泐書體可定時代也司空宗公郎宗俱有一碑隸釋已著錄

魏丸都山毌丘儉紀功刻石

石高一尺五寸廣八寸三分

正始三丰高句驪

督七互門討句驪五

復遣寇六丰五月方

討寇將軍魏烏丸單于

威寇將軍都亭侯

行裨將軍領

裨將軍

殘石出奉天省輯安縣毌邱儉紀功石也魏志毌邱儉傳正始中儉以高句驪數侵叛督諸軍步騎萬人出玄菟從諸道討之句驪王宫連破走儉遂束馬縣車以登丸都屠句驪所都宫單于將妻子逃竄儉引軍歸六年復征之宫遂奔買溝儉遣玄菟太守王頎追之過沃沮千有餘里至肅愼氏南界刻石紀功丸

都之山銘不耐之城諸所誅納八千餘口論功受賞侯者百餘人今石第一行正始三年高句驪及第三行六年五月云云與志悉合石後列名四行第一行討寇將軍魏烏丸單于案儉傳青龍中儉以幽州刺史加度遼將軍使持節護烏丸校尉率諸軍至襄平屯遼隧右北平烏丸單于寇婁敦遣弟阿羅槃等詣闕朝貢封其渠率二十餘人爲侯王此烏丸單于當即寇婁敦蓋儉督諸軍討句驪時寇婁敦亦率衆以從也第二行威寇將軍都亭侯疑即儉惟志稱儉於定遼東時以功封安邑侯此云都亭侯不合殆因三

年討句驪功進封亭侯而志失載耶第三行僅存行裨將軍領五字然領下玄字上半猶存蓋卽玄菟太守王頎第四行存裨將軍三字此則王頎之將案魏志沃沮傳毌丘儉討句驪句驪王宫奔東沃沮進師擊之宫奔北沃沮王頎別遣將追討盡其東界是沃沮之役頎亦未嘗親將今輯安在鴨緑江西岸所謂盡其東界也輯安設治於光緒季年此石因治路得之嶺上出土後卽爲縣令吳光國攜去拓本至不易得此紙乃丹徒陸友芝所贈友芝曾官輯安典史向吳乞得二紙其一以贈張筱浦學使矣會稽王孝偁

魏西鄉侯兄張君殘碑

石高三尺二寸許廣一尺三寸許殘泐窅胅不可

悉準隸書

亅西鄉矦之兄仐州剌史之考也盖張仲興周室

山纉乃祖服體明性喆寬裕博敏孝友恭順著於

上缺之咸位南面競德國家猶昔八虞文王是諮世

上缺書悦樂古仐允通聲稱爰發牧守旌招歷主薄

上缺丶理左右般宜器有特達計拜郎中除夷陵矦

上缺同唱寡和爲佁所仇君恥侼比慍亐羣小換庠

上缺以復換征羌崇保障之治建勿剗之化開義遏

上缺罰折中戶口既盈禮樂曒如帝蔄其庸遷池

上缺雖姜公樹迹藿檀流稱步驟愈否君叅其中

上缺三六辛令丈雁产□□□□□□乀匕

右張君殘碑近時河南某縣民墾地得之石已中斷

此爲右半下截因碑中有張仲興周室語故知爲張

氏碑存九行前四行十八字後五行十七字末又有

一行斷折惟辭命不應四字尚可辨仞文云西鄉侯

之兄冀州刺史之考魏志張既傳既以功進爵都鄉侯

後徙封西鄉侯冀州在三國時亦屬魏則此碑當爲

既兄無疑蜀志張嶷傳子瑛亦封西鄉侯而此碑所稱縣名皆曹氏疆域可決其非張瑛也

漢碑先敘近代子姓後敘遠祖如金石錄載安平相孫根碑云司空公之伯子樂安太守之兄子漢陽太守侍御史之兄乘氏令之考厥先出自有殷云云此碑先敘其弟與子後及先世卽用其例惟張君與其子刺史之名皆無可考碑敘所歷官云歷主簿拜郎中除夷陵侯下缺換厙下缺復換征羌蓋由主簿郎中爲列侯屬官又出爲厙口征羌二縣令長侯下數字在次行之首已不可考厙下一字亦缺魏時冀州魏郡厙邱縣仍漢之舊又漢鉅鹿郡有厙章縣晉書地理志作厙漳屬廣平郡注云魏置統縣十五案水經濁

漳水注建安十八年魏太祖鑿渠引漳水東入淸洹以通河漕名曰利漕渠疑是時始以斥漳改隸廣平郡碑文斥下一字蓋非邱卽漳也征羌亦漢縣郡國志屬汝南郡洪北江撰三國疆域以征羌等九縣於史無徵削而不錄今得此石可知魏時征羌縣亦仍漢舊金石之有禆史志其功匪細斥說文本作㡿隸變爲斥隸釋載陳球碑陰斥邱王口郭仲奇碑斥秦摘楚與曹全碑世宗廓土斥竟字體俱同換字史傳罕見漢碑往往以之代遷字如隸釋楊統碑換犍爲府丞孫根碑換元氏考成令唐扶頌換君昌陽令及

在扶風李寓碑換漢中安陽或作城固令皆是碑云君恥侉比慍于羣小案詩板無爲夸毗釋文引字書作舿䠒玉篇廣韻又作舿䠒今碑文作侉比與玉篇諸書所引同爲三家詩異文又云崇保障之治建勿劉之化詩召南釋文引韓詩作勿劉集韻上聲亦引勿劉勿敗漢書序傳韋昭注劉與翦同又蔡邕劉鎮南碑云蔽芾甘棠召公聽訟周人勿劉我賴其楨邕習魯詩是魯韓兩家並作勿劉矣此石所存僅百餘字而有益於徵經彌足寶貴又云姜公樹迹雚檀流稱博物志文王以太公望爲灌壇令朞年風不鳴條隸釋

載高彪碑有云流化外黄貧昝藿檀亦用此事惟二碑皆作灌檀蓋灌壇之叚字也碑出土時隱然尚有朱文蓋沈霾千餘年從未經人椎拓與王基碑後先合轍端君午橋以重値購至京師以初拓本見眎觀其字體畯整已開任城孫夫人之先決爲魏刻無疑因亟爲考跋之時光緒辛卯十二月 吳士鑑跋

右吳君定爲魏西鄉侯張旣之兄殘碑差爲近似惟吳君因旣官魏遂疑其兄之歷官亦以魏之疆域官制限之此大不然案魏志旣傳年十六爲郡小吏後歷右職舉孝廉不行太祖爲司空辟未至

考太祖爲司空在建安元年旣卒於黃初四年計受知於曹氏將三十年稽之前此爲小吏舉孝廉在漢之末其年歲應在四十以上漢制舉孝廉限年四十以上見左雄傳卽如左雄所言異才異行不拘年齒如魏武之以二十舉孝廉其由小吏歷右職舉孝廉不行亦必展轉數歲其年度在六十左右其兄之年又高於旣稽其經歷數職亦有年所以旣官不過四年旣兄之官非在魏世可以懸定且由靈帝中平以後改刺史爲牧至魏則改爲都督某州諸軍事其偶有置牧若曹休之揚州夏侯尙之荆州孫禮

桓範之冀州皆在文明兩帝及齊王芳時其時既已前卒卽其兄尙在已閲六七十歲此碑言牧守旌招其不可附會明矣故私斷其兄之歴官必在東漢之季其官職郡縣皆與之合而後不疑於夷陵屬吳其侯封之不得爲魏領也但考諸文獻通考及萬斯同歴代史表東漢及魏皆無夷陵侯之稱魏之冀州刺史亦無張姓其人則當闕疑以俟達者又吳君言换字史傳罕見案漢書辥廣德傳奏尹賞與辥恭换縣顔師古注時令條有材不稱職得改之此换字見於史傳者其義若今之繁簡

互調不盡如吳君所云代遷字也又此碑之傍比與字書廣韻所引之騁騃及騁駞皆夸毗之別體爲後世所附益亦不得言爲三家詩異文也其餘已見吳君所考茲不復贅姑舉其可議者證之而已

魏騎督平寇將軍蘇君神道

石高一尺八分廣一尺一寸五分

魏故騎督
平寇將軍
關中侯蘇

平曲梁蘇君之神道

魏蘇君神道近年在洛陽出土篆書閒架頗近吳天發神讖碑昔人云書體能分時代洵不誣也後漢書郡國志魏郡下曲梁侯國注左傳宣十五年敗赤狄於曲梁故屬廣平

希古樓金石萃編卷八

希古樓金石萃編卷九

吳興劉承幹撰

石

晉皇帝三臨辟雍皇太子再莅盛德頌

隸書額大晉龍興皇帝三臨辟雍皇太子又再莅之盛德隆熙之頌凡二十三字在洛陽石高八尺四寸廣三尺二寸

曰昔在先代肇開文教殊風至化蹤跡乎黃唐備物致用具體扵三代歷自列辟廢興存亡㠯降于秦漢雖開國立統而皇道不融帝典闕而未備王綱有所不張系

世彌久有由來矣至于大晉龍興當魏氏多難而天命
未壹豪桀虎爭三方分崩寔賴
宣皇帝櫛風沐雨經營寓內是時正朔未
加于華陽王教不被于江表西嵎抪扈揚越內侵戎車
屢駕抑有不暇雖誕敷神武光被四海流風遘化惠懷
纂元而未遑治宅之制儒道不得並時而施至于
文皇帝方冠負固猶未率職
左提右挈雯劉邊番乃振威域外盪宅粱益西戎既殄
遂眷東顧文告江裔爲百姓請命南蠻順軌革面款坿

九服混同聲教無賫彭濮肅愼織皮卉服之夷楛矢石砮齒革大龜之獻莫不和會王庭屈膝納贄戎夏旣泰九域無事㠯儒術久替古典未隆乃興道教㠯熙帝載廓開大學廣延羣生天下鱗萃遠方慕訓東越于海西及流沙並時集至萬有餘人暨　聖上踐祚崇光前軌闡五帝之絕業邁三代之弘風敦禮明化㠯庠序為先乃遣相國長史東萊侯史光主薄東萊劉毅奉詔詣學延博士會學生諮詢讜言又下丙辰詔書興行古禮備其器服大常樂安亭侯琅邪諸葛緒博士祭酒騎都尉濟南劉寔博士京兆段溥攷合儀制述造綺歌泰始

三年十月始行鄉飲酒鄉射禮馬鄭王三家之義並時
而施然後罍樽列于公堂俎豆陳于庭階鄉縣之樂設
百拜之儀陳縉紳之士始覩揖讓之節金石之音六年
正月熹溥等又奉行大射禮乃抗大侯設泮縣用肆夏
歌騶虞邦君之制於是而顯其年十月行鄉飲酒禮
皇帝躬臨幸之正法服負黼扆延王公卿士博士
助教治禮掌故弟子門人咸在列位莫不被文相德祇
服憲度穆穆爲濟濟焉搶搶焉禮行樂奏詔曰羣生勤
學務禮遵脩舊典朕甚嘉之遂斑賞大燕上下咸周三
家之禮庭肆終日既而錫寺御丞博士治禮學生下至

樂工束帛幬巾各有等差厚施豐備人知所勸宇內承
風莫不景慕于時方國貢使及報塞入獻之戎倍于海
外者蓋以萬數若夫耆老嘔歎于邑里士女抃舞於郊
畛歌詠升平之謠咨嗟大同之慶帝澤流衍充塞四隅飛
英聲騰茂寔足以盈天地而冒六合矣咸寧三年太常
脩陽子平原劉寔命博士京兆段暢漁陽崔豹講肄大
禮冬十一月行鄉飲酒禮四年二月行大射禮于辟雍

皇太子聖德光茂敦悅墳素斟酌道德之
原探賾仁義之藪游心遠覽研精好古務崇國典以協

時維乃與太保侍中太尉魯公充太傅侍中司空齊王
攸儋事給事中光祿大夫關内侯珧及百辟卿士同升
辟雍親臨禮樂降儲尊之貴敦齒讓之制暠咨執憲敷
納話言堂列不臣之客庭延希衣之賓緝柔學徒接引
衆心温温其仁翼翼其恭故夫洪烈之美可述而不可
及覩模之格可行而不可階是以髦士駿奔華夏嚮臻
緝熙聖緒光融至化儀形萬國作孚四方盛德大業於
斯為美於是學徒沐浴純澤承風感化伏膺詠歎不知
手之舞之乃相與言曰蓋享帝王之位者必有則天之
象成厚載之功者必建不朽之業是㠯順應交泰莫崇

平三皇開物興務罔隆於五帝前聖之所歸美永守鴻名常爲稱首唯斯而已然品物咸亨以廣被爲貴天下化成以同風爲大光于前人可得篤述者鮮矣觀今變通之苻典模之則順天承運肇造區域則賓夏之烈也建皇極之中恢配天之範則羲農之略也蹈咸邁德樹之風聲則湯武之軌也闡化本垂道綱則宣尼之教也兼六代之美跡苞七聖之遐踪魏魏蕩蕩大晉其是也已在昔先葉德化可述儀形可象皆發之于雅頌播之于金石故使風流長存輝光不墜且古詩之興采遊僮之歌收牧豎之謠今遇不世之運被霣壽之施豈無風

人之作奚斯之志共於是禮生守坊寄學散生乃共刊
石讚述洪美遂作頌曰
悠悠皇羲承天作帝幽讚神明觀象天地三墳五典八
索九丘發原在昔邁茲清流大道淩遲質文推移樸散
爲器醇澆爲灕降還三代世篤軌儀郁郁之美莫尙於
斯六國從横禮樂消亡秦焚其緒漢末之詳鑠哉皇代
時惟大晉龍飛革命天應人順敷演彝倫亮采賢儁神
化罔極風翔雨潤明明大子玄覽惟聰遊心六藝丹臨
辟雍光光翠華騤騤六龍百辟雲集卿士率從儒林在
位爰暨生童升降有序行過乎恭祗奉聖敬曠若發蒙

玄冥司節饗飲嘉賓大射之儀講于元春執弓鷹揚百
拜逡巡金石迭奏兩禮並陳容服猗猗宴笑娀娀德感
庶類洪恩豐沛東漸西被朔南式賴遂作頌聲永垂萬
世

咸寧四年十月廿日立

碑陰

第一列

大常脩陽子平原劉寔子真
散騎常侍博士祭酒潁川庾純謀甫
散騎常侍博士甄城公譙國曹志允恭

大常丞陽平男譙國蔣林承元
高功博士中山張靖彥貞
典行鄉大射禮博士京兆段暢永弘
典行王鄉飲酒禮博士漁陽崔豹正雄
博士東郡周暘彥春
博士新興秦秀元良
博士京兆杜琬文琰
博士東莞孫毓休朗
博士梁國項㮚建政
博士京兆韋承元舉

博士平原宋昌茂初

博士陳國謝衡德平

第二列

助教中郎夏□□□□□

治禮議郎魯國孔肖宗羽

治禮議郎太原□會忠宣

治禮議郎河南陳巖儆平

治禮郎中濟北戴瓘公孝

治禮中郎勃海王誕承宗

治禮舍人趙國耿陵煒發

治禮軍謀掾樂安孫優泰元
治禮軍謀掾東海戴珍瑋琦
大學吏舍人齊國徐龍伯肅
大學吏軍謀陳留師圉卲甫
都講汝南南頓泰賓
主事樂平段干玹伯
禮生平原鄃悝梁緒
禮生東萊王遵宗甫
禮生燕國鮮于造長元
禮生泰山劉昪休龍

禮生安平張智承謀
禮生平原徐豐茂元
禮生魚陽王如顯元
禮生安平王蹈景林
禮生河間劉振君初
禮生高平傅宣元宗
禮生樂安樂式泰儀
禮生陳留□睢少先
禮生趙郡□超士儁
禮生安平王□宏道

禮生平原言輔宣世
禮生安樂孫汱礽摧
禮生陳國陳愽攺平
禮生安平李軼泰宗
禮生鉅鹿董贗季龍
禮生高平代綽處仲
禮生江夏王甫季和
禮生樂安董閎泰機
禮生義陽韓儉夵恭
禮生高平李始長蘭

禮生中山孫潛仲龍
禮生廣平趙整文脩
禮生范陽酈夏□仁
禮生陽平毛北林甫
禮生平原王訁道元
禮生頓丘吳胥道明
第三列
禮生北□公沙濡陳實
禮生安平張根季木
禮生平原張範陽元

禮生滎陽張斌長叙
禮生陳國汝承愼宗
禮生河南路雒元生
禮生汲郡李啓肇陽
禮生濟北謝偉道元
禮生勃海張犢季載
禮生遼西路融稚明
禮生清河夏頎璽芝
禮生襄城王羕公興
禮生趙郡王察長理

禮生陽平馬權長元

禮生平原趙斌長元

禮生天水王歡祖文

禮生勃海程碩令儒

禮生遼西韓逢景時

禮生代郡張龐仕法

禮生廣漢楊綜宗元

禮生安平李默道元

禮生樂陵王湛元升

禮生東萊季登長春

禮生漁陽王震世雲
禮生勃海王潛處英
禮生安平吳洪正㫤
禮生高平李㓞長始
禮生陳國戴祈恭先
禮生穎川須奉正元
禮生濟北淳于榮長暉
禮生中山王準季休
禮生鉅鹿房元苐伯
禮生濟南口宏君休

禮生濟南李訓洪休

禮生平口馮怡洪弈

禮生陳畄史肈季初

禮生沛國劉烈公休

禮生東萊徐興長權

禮生趙郡解肈長倫

禮生勃海孫陵七幹

禮生淸河孫鋒頴伯

禮生東海周震子差

以下缺

第四列

禮生陳留朱莫徵丞

禮生始平陳晏子嬰

禮生東□許榮初松

禮生河間東鄉芬子

禮生頓丘邵林應龍

禮生齊國薛雲元栤

禮生濟南梁丘龍士元

禮生南陽孫歆預棆

禮生常山邵和衡□

禮生梁國吴穆孝韶
禮生河南左閎伯予
禮生北海鄧明朱亮
禮生廣平馬信長明
禮生勃海李彦景林
禮生樂陵宋□𣐊譙
禮生汝陽夏榮季原
禮生趙郡趙㫄𣐊武
禮生上黨程蔑李元
禮生常山邸北宗林

禮生河間劉沃休琳

禮生襄城路雯長元

禮生高陽劉春休先

禮生穎川蓱霓季良

禮生大原張龍延龜

禮生陳留張孜士英

禮生潁川公孫贊國安

禮生上黨李淵志元

禮生平原杜昊元夏

禮生任城唐乾琳元

禮生大原程瑶始宗

禮生魏郡李瑋延明

禮生樂陵閻亚邦休基

禮生中山張犖國舉

右鄭大射禮生

第五列

缺

禮生濟北竇武始伯

禮生中山孫峻季嶷

禮生勃海張口伯申

禮生濟正顏朗長舒
禮生濮陽□正元平
禮生鉅鹿馮弼不韋
禮生廣平李延林儒
禮生廣平張昺林平
禮生廣平張收孔文
禮生漁陽徐雲林桃
禮生鉅鹿張順伯林
禮生高平司咸昺璜
禮生汝南孫恢宏熙

禮生廣平閻乂佐治

禮生安平劉林元徵

禮生高陽王湆林潛

禮生魯國于茂延先

禮生廣平李宏季伯

都講平原韓格始儒

主事樂安王穎延武

禮生高平鄭岐士伯

禮生高陽劉沈彦靜

禮生濟北丁洪靜元

禮生平原楊儁允琳

禮生中山楊㬅宗元

禮生汝陰陳正士宏

禮生范陽高權宗元

第六列

禮生濟北□武安□

禮生中山□岐季嶷

禮生勃海張□伯申

禮生濟𫝀顏朗長舒

禮生濮陽□正元平

禮生鉅鹿馮弼不韋
禮生廣平李延朸儒
禮生廣平張㬥朸平
禮生廣平張孜孔文
禮生漁陽徐□朸栀
禮生鉅鹿張慎伯林
禮生高平司咸㬥璜
禮生汝南孫恢宏熙
禮生廣平閻乂佐治
禮生安平劉林元徵

禮生高陽王淸林潛

禮生魯國于茂延先

禮生廣平李玄季仲

禮生東莞鍾讓延秋

禮生鉅鹿馮龕始平

禮生勃海王嗣承祖

禮生廣平趙庸元休

禮生趙郡宋康元處

禮生平原王緯口先

禮生清河單口稚元

禮生陽平樂宗國嗣
禮生高陽韓徵休譽
禮生潁川呂札穎季
禮生常山王璠長思
禮生遼西范進令機
禮生平原張則林行
禮生廣平閻義令林
禮生汲郡梁琦彥思
禮生趙郡苗謐公儀
禮生代郡董顛林開

禮生中山張蘭季時

禮生扶風叚敦文厚

禮生樂安龐儋令遠

禮生汝南黄景伯龍

禮生河東姚雲林龍

禮生梁國夏侯玢元初

禮生高平尹□季璋

禮生力□□□□

第七列

禮生常山樊奕熙元

禮生安平翟遵偉卿

禮生□□劉□元彥

禮生陽平張倫廷行

禮生高陽馬宗巨仲

禮生遼西韓瑗偉琚

禮生安平石超始儁

禮生勃海邪務雍初

禮生趙郡解慶長雲

禮生襄城宋松孔休

右王鄉飲酒禮生

掌故滎陽傳宣孝周
弟子汲郡王洪孔範
弟子汲郡焦胤宗嗣
弟子河東上官楨德幹
弟子河東上官雄季幹
弟子平陽相里揮茂英
弟子宏農許鮑延林
都講河間李奧淵沖
弟子清河牟徵允休
弟子清河戚寐君孫

弟子清河邢儁文英
弟子清河孟珪偉璋
弟子安平李擢延宗
弟子安平李詠道休
弟子安平崔釆士援
弟子安平張隨士世
弟子安平馬臨世長
弟子安平趙烈靈基
弟子安平董超士營
弟子廣平賈衡珎淵

弟子廣平張誠林休
弟子廣平高愷巨口
國子主事廣平高盛巨謀
國子司成廣平張隨元時
弟子鉅鹿霍口友林
弟子鉅鹿賈余允桓
弟子中山張遵德舉
弟子中山趙卓初季
弟子高陽王絲世倫
弟子高陽齊游偉龍

弟子高陽劉閞宗朖

□□□□昆□□圭

第八列

弟子勃海程蕣伯苗

弟子勃海樊商廣音

弟子勃海李語□□

弟子勃海孫儀令宗

弟子勃海陶沖霊默

寄學悟位陽平劉雄儁英

弟子陽平解种休徵

弟子頓丘張宣子彬

弟子常山張訢元才

弟子常山趙倫舅英

弟子章武孫昌元時

國子司業陳留董康興元

弟子陳留崔誕巽舒

弟子陳留馮徽賢先

弟子陳留吳基茂初

弟子陳留胡慮顯思

國子司成陳留焦岐宣周

弟子高平翟洪長業
主事高平夏茂季倫
弟子高平江榮初元
弟子高平王劭士南
弟子濟北萊嘉世宏
弟子東郡伏歆舒伯
弟子泰山王揚宣林
弟子任城孫造士元
弟子東平曹尙次先
弟子平原榮深淵仲

弟子平原西門佩士容

弟子平原杜亘牧恒

弟子平原縣仁德光

弟子平原王紹方伯

弟子平原孟胤元嗣

弟子東萊唐陽令春

弟子濟南彭祈林謀

弟子濟南梁少熊□

弟子濟南用　紹世

弟子北海后奭世高

弟子北海吴選乾儁
弟子樂安國悝廣兄
弟子樂安王紹成㴋
弟子樂安車庋世文
弟子樂安接禮兆文
弟子樂安王輿世林

第九列

弟子樂陵□恪元恭
弟子城陽滜于恢昭裕
弟子城陽□振　明

弟子城陽侍其□元□
弟子琅邪𥁞權㫐伯
弟子彭城紀瑾季偉
弟子沛國傅康德初
國子都講汝陰謝韶南伯
弟子汝陰龍運孔機
弟子梁國王恂元淋
弟子魯國胥施初伯
弟子潁川張顯休明
弟子汝陰鄭穆季恭

弟子新平李琛元舒

弟子京兆王逵元始

弟子馮翊楊殷泰宗

弟子遼東狠休子脩

門人遼東吳頵令伯

弟子武都王璆宏琳

散生西海陳叅元起

散生西海陳基元聲

散生西海鄭嵩申伯

散生西域朱喬尙建

散生西域王邁世光

散生西域槐景大卿

散生金城馬林伯儒

散生金城淳于□顯□

散生金城竇震伯宗

散生金城竇良脩伯

散生金城毛祉偉道

散生金城毛條偉達

散生金城□稱宣衡

散生金城張立子木

散生金城淳于文顯□
散生敦煌馬訓子道
散生敦煌蓋㚑思文
散生敦煌竇蟠鴻舉
散生敦煌田絢□蘭
散生敦煌馬斌世義
散生敦煌孟祈長休
散生西平田通元暮
散生西平鞠□

第十列

散生西□□□□□

散生西平衛鮮世明

散生西平□琨允先

散生西平鞠仁仲興

散生西平麹昆臣明

弟子樂陵李愼□□

散生西平衛深少明

散生西平蟜祈元龍

散生西平衛直正平

散生西平麹康休祖

散圭西平衞其令章
散生西平郭豐文盛
散生西平彭泰文平
散生西平孫術孔儒
散生西平楊欽仲明
散生西平馬晉元仲
弟子淸河卞曾正子
散生西平楊達顯通
散生西平麩崇巨元
散生西平王初長發

散生西平衞斐儁雄

散生西平田敷威國

散生西平田法長則

散生西平丘宮默林治

散生西平楊敷公演

散生西平郭平林直

散生西平馬達文伯

弟子廣平王建宏基

寄學樂陵崇翼長基

弟子平原王忠初正

禮生趙郡趙粲林烈

弟子平原王嘉士賔

弟子濟南宋宗長南

弟子勃海歐陽舅益茂

弟子平原范宣伯海

弟子平原許盛長休

弟子平原劉旂万龍

弟子平原楊淮稚林

弟子平原孫琩禮寸

弟子清河聶涞偉重

弟子平原言坦傳世
弟子勃海□□□□
第十一列
弟子□□□□□□
弟子平原王琳欽□
弟子勃海程賢悪明
弟子勃海韓嗣偉宗
弟子平原言讃奉國
弟子平原傅濯彦外
弟子平原李恭令和

弟子趙國張允國元
弟子濟南孟雄林才
寄學中山張俊洪元
弟子高陽元裕宗舒
弟子北海杜調稚休
弟子趙國靳常景宗
弟子趙國石鸞龍伯
弟子趙國張余元波
弟子趙國張恒季龍
弟子京兆楊袞元謀

弟子京兆劉紘仲賢
弟子大原常烈公舒
弟子扶風叚奉林時
弟子鉅鹿馮撟不遺
弟子清河郭羆世租
弟子鉅鹿馬銓令忠
弟子平原邢稚延季
弟子高陽韓羆稚休
弟子安平崔[illegible]令逸
弟子平原郦顗康伯

弟子平原王述稚舒

弟子平原榮琦士仲

弟子平原西門開源膚

弟子河內樂邵長元

弟子濟陰華徵子獻

弟子河間張鸞元鳳

弟子河間東鄉亭令□

弟子東莞王乂林康

弟子魏郡王亢延寶

寄學濟陰董原休安

禮生高平費明孝開
弟子河南推翌令孫
弟子淸河单种長□
弟子趙國李遊令之
弟□□□□□□

晉袁君殘碑

高存二尺一寸七分廣存一尺四寸

其先　壐　叺　姓亭　土而氏族
爲稱孝衞尉貞侯庸勳著世有子五
䑑稽皇相次　載順三　叺　光

裕自登朝受

御史克抗王州　有命世祖

大尉司空　楚黄勳君乃謀

及王路開泰乃振揚高風

亐禁衛仁澤洽兮二一營暨方境有難

奏雅分　綏延自嬰鳥至老

碑陰

□□　故吏

李引　故吏太原許堅

和通　故吏太原□□
王邦　故吏太原白留
李述　故吏太原王光
司徒遵　故吏太原郝乂
閔亢　故吏太原薄曾
張龍　故吏太原胡敏
張樹　故吏太原趙瞻
王遠　故吏太原郭徽
張條　故吏太原龐琳
宋貢　故吏太原温閎

郭脩　故吏太原郭敬

尹造　故吏太原傅宏

口欽　故吏太原孟休

晉故處士成晃碑

石高一尺八寸五分廣七寸八分

碑額篆書晉故處士成君之碑

晉故處士

成君之碑

君諱晃字林明陽平人也厥年六十君自少爲人貞絜

篤實言行東脩內和外九族履信義奄遭不豫寢疾日

增以元康元年七月十六日遂殯廞命宗親內外眷屬
大小及其嚋類遠近知識者莫不悲悍肝情淒碎者也
故銘勒名字立身脩行以表之靈祇
大女夫河間東鄉訓深惟成君德行純厚情性款密善
和遠近領其命齊南山極子堂養如何昊天未耄彫喪
路人行夫尚有哀傷況訓親屬豈不惆悵碑以叙之嗚
呼哀哉

晉中書侍郎荀岳墓志

石高二尺廣一尺三寸

岳字於伯小字異姓以正始七年正月八日癸未生於

譙郡府丞官舍以咸寧二年七月本郡功曹史在職廿四日還家十月舉孝不行三年七月司徒府辟四年二月十九日戊午應命署部徐州田曹屬太康元年十二月舉秀才二年正月廿日被戊戌詔書除中郎三年八月廿七日庚戌詔書除太子舍人六年十月七日辛巳除尚書左中兵郎十年五月十七日除屯騎始平王司馬十二月廿七日除中郎參平南將軍楚南軍事永熙元年九月除參鎮南將軍事永平元年二月三日除河內山陽令元康元年三月廿五日到官三年五月四日除領軍將軍長史六月六日拜四年五月五日除中書

侍郎六月二日拜

夫人劉年卅五東萊劉仲雄之女息女柔字徽音年廿適樂陵石庶祖次息男隱字鳴鶴年十九娶琅耶王士瑋女次女和字韶音年十七適頴川許昌陳敬祖三曰婦次女恭字惠音年十四適弘農楊士彥拜時晚生二女皆不育

碑陰

晉故中書侍郎頴川頴陰荀君之墓

君以元康五年七月乙丑朔八日丙申歲在乙卯疾病卒君樂平府君之第二子時年五十先祖世安措于頴

川穎陰縣之北其年七月十二日大雨過常舊墓下濕崩壞者多聖詔嘉悼愍其貧約特賜墓田一頃錢十五萬以供葬事是以别安措於河南洛陽縣之東陪附晉文帝陵道之右其年十月戊午朔廿二日庚辰葬寫詔書如左

詔中書侍郎荀岳體量弘簡思識通濟不幸喪亡甚悼愍之其賜錢十萬以供喪事

詔故中書侍郎忠正簡誠秉心不苟早喪才志旣愍惜之聞其家居貧約喪葬無資脩素至此又可嘉悼也舊墓遇水欲於此下權葬其賜葬地一頃錢十五萬以供

葬事
皇帝聞中書侍郎荀岳卒遣謁者戴璿弔
皇帝遣謁者戴璿以少牢祭具祠故中書侍郎荀岳尚
饗
碑側
夫人劉氏年五十四字簡訓永安元年歲在甲子三月
十六日癸丑卒于司徒府乙卯殯其年多故四月十八
日乙酉附葬
隱司徒左西曹掾和夫卒
子男瓊年八字華孫

晉房宣墓甎

甎高寬各一尺四寸八行行七字字徑一寸五分

分書

晉故使持節都督青徐諸軍事征東將軍軍司關中侯
房府君之墓君諱宣字子宣和明人也墳君之子夫人
王氏　大康三年二月六日

案晉初督青徐者爲衞瓘繼瓘者爲琅邪王伷據伷
傳出爲鎮東大將軍假節徐州諸軍代衞瓘鎮下邳
平吳後並督青徐加侍中之服進拜大將軍開府儀
同三司太康四年薨此志云太康三年正琅邪王伷

督青徐時伷於未平吳以前督徐州已爲鎮東大將軍不應平吳後並督青徐反去大字此無大字一不合也姓氏書辨證載常山太守房稚由靈壽徙清河繹幕晉初清河房乾傳使北留不遣後隨魏南遷遂占籍河南洛陽故自漢至唐史書所載房氏名臣皆青冀豫人此志出關中而云和明人二不合也晉志關中清河河南並無和明縣紀傳中亦無之晉志固多疏漏而宋書州郡志亦無之三不合也金石文字往往與史文參錯然未有如此之離奇者楊守敬壬癸金石跋

右墓甎房宣揭銜使持節都督青徐諸軍事征東將

軍軍司關中侯迺與萃編箸錄晉劉韜碣官爵政同劉韜碣跋錢氏潛研堂考證軍司之職武氏授堂考訂闕中侯爵級並鵜碻靡遺可迻作房踢跋文茲不贅述 陶齋藏石記

晉楊陽墓闕

石高一尺二寸寬一尺四寸彊七行行七字字徑一寸分書

晉故巴郡察孝騎都尉枳楊府君之神道

君諱陽字世明涪陵太守之曾孫

隆安三年歲在己亥十月十一日立

右晉巴郡察孝騎都尉枳楊府君神道拓本高一尺二寸廣一尺三寸前人未有箸錄近湖州姚彥侍方伯由川入楚於川東民家以千錢得之今在方伯處晉書地理志枳屬巴郡華陽國志屬江州郡東四百里治涪陵水會土地确瘠時多人士容案戰國策楚得枳而國亡即此秦漢置縣晉因之胡三省曰漢之涪陵今彭水縣也今之涪陵乃漢枳縣也涪陵郡蜀先主所立隸續有涪陵太守龐玄神道輿地碑記以爲即龐士元之子也李雄據蜀後枳縣荒廢桓溫定蜀別立枳縣尋廢溫平蜀在穆帝永和三年丁未此

石立於安帝隆安三年已亥相距已五十餘年則枳與涪陵當是仍其舊也張德容二銘草堂金石聚

右闕題晉故巴郡察孝騎都尉枳楊府君神道案晉書地理志枳屬巴郡寰宇記謂劉璋置屬國都尉理涪陵王象之輿地紀勝引元和郡縣志枳本秦枳縣也李雄據蜀其地爲戰場桓溫定蜀以涪陵理枳屬巴郡騎都尉後漢書職官志比二千石注曰無員漢武帝置騎都尉以李陵爲之晉亦有其職察孝案永壽二年蒼頡廟碑側有朔方太守上郡仇君察孝除郎中太原陽曲長而此闕云察孝騎都尉疑察孝是

官名吳志三嗣主孫休傳永安五年使察戰到交趾調孔爵大豬裴注云察戰吳官名又晉書陶璜傳孫皓時交趾太守孫諝貪暴爲百姓所患會察戰鄧荀至調孔爵三千頭郡吏呂興殺諝及荀以郡內附案其義則察戰當是官名闕題察孝殆與察戰同耳又據晉書楊佺期傳父亮由僞朝歸國終於梁州刺史從弟敬攷亦爲梁州刺史而枳與涪陵皆屬巴郡郎禹貢所謂梁州也題曰涪陵太守之孫果指亮與敬攷否未可知也隆安爲晉安帝年號三年己亥與史合碑書與爨寶子略同石近年四川新出今歸安姚

方伯攜於家　汪鋆十二硯齋金石經眼續錄

晉楊陽墓闕分書晉安帝三年立在四川巴縣鄉間累石三重中段刻字下有兩佛像承之姚方伯彥侍輂以歸令藏晉石菴案楊君巴郡枳人晉地理志枳梁州巴郡縣屬今四川涪州寰宇記云桓溫定蜀別立枳縣於涪陵郡東北一十里鄰溪口又置枳城郡尋廢闕立於隆安初上溯桓溫平蜀已六十三年其爲巴郡之枳無疑漢元光元年令郡國舉孝廉晉元帝時制揚州歲舉二人諸州一人騎都尉武散官漢武帝置歷代因之楊君蓋梁州所舉而終於騎都尉

者文四十三言書地書官書出身書先世達官書年月質實簡老與劉韜韓壽同猶是漢人遺則也繆荃孫藝風堂文集

右墓闕上言巴郡察孝下言枳楊府君則枳屬巴郡無疑華陽國志巴子時雖都江州先王陵墓多在枳則枳之名不自秦始矣又云郡東枳有廣德嶼明月峽水經江水東至枳縣西延江水從牂柯郡北流西屈注之酈注江水東至枳鄉歷雞鳴峽江之兩岸有枳縣治則枳在巴郡東顯江而理案即今長壽縣地太平寰宇記唐武德置樂溫縣秦時枳地也曹石倉

曰蜀中名勝記今長壽縣界有樂碛鎮卽其地在今巴縣東南矣說文枳木似橘周禮冬官考工記橘踰淮而北爲枳巴志曰漢世郡治巴水北有柑橘官枳之名或昉此或古時橘枳無異名矣

石歷歸安姚氏咫進齋余昔遊滬瀆以舒鳧二百翼得之或者疑焉謂夫以錢易石殆必無是事也而又不欲頌言以自暴其惡俗迺至於滑稽之中寓景響之說稍自恔其異趣攻擊之私彼烏知石與錢孰重輕也溺研桑之算者語以歐趙之錄其爲不投奚啻冰炭陶齋藏石記

希古樓金石萃編卷九

希古樓金石萃編卷十

吳興劉承幹撰

石

晉高麗好太王碑

惟昔始祖鄒牟王之創基也出自北夫餘天帝之子母河伯女郎剖卵降出生子有聖𠂇□□□□□命駕巡車南下路由夫餘奄利大水王臨津言曰我是皇天之子母河伯女郎鄒牟王爲我連葭浮龜應聲郎爲連葭浮龜然後造渡於沸流谷忽本西城山上而建都焉永樂世位因遣黄龍来下迎王王於忽本東罡黄龍頁昇

天頭命世子儒留王以道興治大朱留王紹承基業罒
至十七世孫國罡上廣开土境平安好太王二九登祚
号為永樂太王恩澤洽亐皇天威武桄被四海掃除□
□庶寍其業國富民殷五穀豐熟昊天不弔卅有九宴
駕棄國以甲寅年九月廿九日乙酉遷就山陵於是立
碑銘記勳績以示後世焉其詞曰
永樂五年歲在乙未王以碑麗不息□又躬率住討叵
富山負山至鹽水上破其丘部洛六七百當牛馬羣羊
不可稱數於是旋駕因過襄平道東來□□力城北豊
五備猶遊觀土境田獵而還百殘新羅舊是屬民由來

朝貢而倭以亲卯年来渡海破百殘□□羅以為臣
民以六年丙申王躬率水軍討利殘國軍□□首攻取
壹八城臼模盧城各模盧城幹弖利□□□城閣弥城
牟盧□弥沙城□舍蔦城阿旦城古利城□利城雜弥
城奥利城勾牟城古模耶羅城頁□□□□□而耶
羅□𥫗城木□城□□□□奴城沸□□利城弥鄒城
也利城大山韓城掃加城敦拔□□□□婁賣城散
□城□婁城細城牟婁城弓婁城蘇灰城燕婁城析支
利城巖門至城林城□□□□□□□城就鄒城□
拔城古牟婁城閏奴城貫奴城多穰城□□□□□羅

城仇天城□□□□□其國城賊不服氣敢出百戰王
威赫怒渡阿利水遣剌迫城橫□□□□便國城而殘
王困逼獻出男女生白一千人細布千匹歸王自誓從
今以後永爲奴客太王恩赦□迷之愆録其後順之誠
於是□五十八城村七百將殘王弟并大臣十八旋師
還都八年戊戌教遣偏師觀帛慎土谷因便抄得莫新
羅城加大羅谷男女三百餘人自此以來朝貢論事九
年已亥百殘違誓與倭和通王巡下平穰而新羅遣使
白王云倭人滿其國境潰破城池以奴客爲民歸王請
命太王恩後稱其忠□寺遣使還告以□□十年庚子

教遣步騎五萬往救新羅從男居城至新羅城倭滿其
中官兵方至倭賊退□□□□□□□□来背息追至
任那加羅從拔城城即歸服安羅人戍兵拔新羅城□
城倭滿倭潰城大□□□□□□□□□□□□□□
□□□□盡□有□安羅人戍兵□□□□□□□□
□□□□□□缺四十字潰□□□□□羅人戍兵昔新羅
□錦未有身来朝□□□□□□刑主境好太□□□
□□率□□□僕勾□□□□朝貢十四年甲辰而倭
不軌侵入帶方界□□□□□石城□連船□□□□
□□□□□平穰□□□□相遇王幢要截盪刺倭寇

潰敗斬煞無數十七年丁未教遣步騎五萬□□□□
□□□□□師□□合戰斬煞蕩盡所稚鎧鉀一萬餘
領軍資器械不可稱數還破沙溝城婁城□□□□□□
□□□□□□城廿年庚戌東夫餘舊是鄒牟王屬民
中叛不貢王躬率往討軍到餘城而餘城國駭□□□
□□□□□□□王恩普覆於是旋還又其慕化隨官來
者味仇婁鴨盧卑斯麻鴨盧𡔙立婁鴨盧肅斯舍□□
□□□□□盧仇聅攻破城六十四村一千四百守墓人
烟戶賣勾余民國烟一看烟三東海賈國烟三看烟五
𣪘城□四家盡爲看烟亐城一家爲看烟碑利城二家

爲國烟平穰城民國烟一看烟十岾連二家爲看烟住婁人國烟一看烟卌二梁谷二家爲看烟梁城二家爲看烟安夫連廿二家爲看烟改谷三家爲看烟新城三家爲看烟南蘇城一家爲國烟新來韓穢沙水城國烟一看烟一牟婁城二家爲看烟豆比鴨岑韓五家爲看烟勾牟客頭二家爲看烟求底韓一家爲看烟舍蔦城韓穢國烟三看烟廿一古家耶羅城一家爲看烟炅古城國烟一看烟三客賢韓一家爲看烟阿旦城雜珍城合十家爲看烟巴奴城韓九家爲看烟臼模盧城四家爲看烟臼模盧城二家爲看烟牟水城三家爲看烟幹

弖利城國烟二看烟亠弥旧城國烟六看烟□□□□
□□利城三家爲看烟豆奴城國烟一看烟二奥利城
國烟二看烟八須鄒城國烟二看烟五百殘南居韓國
烟一看烟五大山韓城六家爲看烟農賣城國烟一看
烟一閏奴城國烟二都烟廿二古牟婁城國烟二看烟
八瑑城國烟一看烟八味城六家爲看烟就咨城五家
爲看烟彡穰城廿四家爲看烟散那城一家爲國烟那
旦城一家爲看烟勾牟城一家爲看烟於利城八家爲
看烟比利城三家爲看烟細城三家爲看烟國罡上廣
開土境好太王存時教言祖王先王但教取遠近舊民

守墓洒掃吾慮舊民轉當羸劣若吾萬年之後安守墓者但取吾躬率所略来韓穢令備洒掃言教如此是以如教令取韓穢二百廿家慮其不知法則復取舊民一百十家合新舊守墓戶國烟卅看烟三百都合三百卅家自上祖先王以来墓上不安石碑致使守墓人烟戶差錯惟國罡上廣開土境好太王盡爲祖先王墓上立碑銘其烟戶不令差錯又制守墓人自今以後不得更相轉賣雖有富足之者亦不得擅買其有違令賣者刑之買人制令守墓之

此碑爲海東古刻之冠顧前人於刻石年月考之未

審陸存齋觀察謂是涼太元十六年鄭叔問舍人謂是蜀漢建興十二年日本人又據碑中所記甲寅謂一當漢後帝十二年一當晉惠帝四年不能斷定鄙意諸說並未當也今以元高麗僧一然三國遺事及東國史略日本伊藤長允三韓紀略三書與此碑互證知此碑實立於晉義熙十年試立三證以明之碑稱鄒牟王即蒙乃高始祖命世子儒留王以道興治大朱留王紹承基業口至十七世孫國罡上廣開土境平安好太王二九登祚三十有九宴駕棄國以甲寅年九月二十九日乙酉遷就山陵於是立碑銘記勳績

云云考三國遺事稱高麗開國之十九世廣開土王名談德壬辰立治二十一年子長壽王癸丑立治七十九年三韓紀略亦云高麗廣開土王以晉太元十七年立立二十二年而卒東國史略同蓋其世次鄒牟爲始祖儒畱東國史略三韓紀略並作琉璃王北史高句麗傳作如栗皆儒畱譯音之異爲二世儒畱之後由大武至廣開土正儒畱以後十七世與碑所云儒畱十七世孫世次正相當是碑所謂國罡上廣開土境平安好太王卽廣開土王碑舉其全謚史家略舉其謚號中數字實爲一人證一也三國遺事謂廣開土立於壬辰考壬辰爲晉太元

十七年與東國史略三韓紀略正同惟東國史略三韓紀略並作在位二十二年三國遺事作二十一年爲小異碑稱好太王二九登祚三十九宴駕三國遺事及三韓紀略並謂廣開土之子長壽王以癸丑立由太元十七年壬辰至義熙九年癸丑正二十二年又以十八卽位三十九棄位考之太元壬辰年十八至義熙癸丑年正三十九則廣開土在位乃二十二年非二十一年也惟碑中又有永樂五年歲在乙未六年丙申語若以壬辰立則永樂五年直丙申六年直丁酉相差一年考廣開土之前一世爲國壤王三

國遺事云甲申立治八年三韓紀略同惟作在位九年爲異由太元九年甲申至十六年辛卯正八年意廣開土實卽位於辛卯至五年正是乙未諸史以辛卯不過數月遂以壬辰爲元年與然廣開土王卒於義熙癸丑則諸書之所同證二也廣開土以癸丑卒而葬則在次年甲寅故碑稱甲寅年九月二十九日乙酉遷就山陵考長術義熙十年九月爲丁巳朔二十九日正是乙酉與碑正合此又爲碑以義熙十年立之確據證三也此碑立石年代久不能定一旦鉤稽得之洵快事矣

碑稱鄒牟巡車南下路由夫餘奄利大水案後漢書東夷傳及東國史略作至淹淲水三國魏志東夷傳作施掩水梁書及北史百濟傳作淹滯水隋書百濟傳三國遺事作淹水魏志之施掩水乃掩施之誤掩施音與掩淲相近碑又云於沸流谷忽本西城山上而建都焉考三國魏志高句驪傳有沸流水當即沸流谷東國史略亦作時沸流水上松壤國王以國來降三國遺事結廬於沸流水上居之並作沸流水又三國遺事至卒本川遂都焉東國史略亦作卒本殆即碑之忽本也碑又有以碑麗不息口語考晉書東夷傳有裨離等十

國疑即碑麗

好太王之事實高麗史籍記者頗少惟東國史略注引歷年圖云廣開土雄偉有奇才能戰勝攻取而不及其平生戰績若無此碑則征新羅百殘事泯然無聞於世矣金石之功顧不偉哉

此碑鄭叔問舍人箸錄頗有疏誤予爲補正數十字重寫其文入唐風樓碑錄復以一夕之力爲之考證適此本裝池既畢因書之卷耑戊申九月望上虞羅振玉目存父記於京寓之禹齋

晉尙書征虜將軍城陽簡侯石尠墓志

石高一尺四寸廣九寸六分

晉故尚書征虜將軍幽州刺史城陽簡侯樂陵厭次都鄉清明里石尠字處約侍中大尉昌安元公第二子也明識有遠有倫理刑斷少受賜官大中大夫關中侯除南陽王文學大子洗馬尚書三公侍郎情斷大獄卅餘條于時內外莫不歸當遷南陽王友廷尉正中書侍郎時正直內省值楊駿作逆詔引尠式乾殿在事正色使誅伐不濫拜大將軍秦王長史計勳酬功進爵城陽鄉侯入補尚書吏部郎疾病去職遷滎陽大守御史中丞國清定大中正侍中尠屢表告疾出爲大司農趙王篡

位左遷員外散騎常侍三王舉義惠皇帝反正拜廷尉
卿除征虜將軍幽州刺史軍事屢興於是罷武脩文城
都王遣熒陽大守和演代尠召爲河南尹自表以疾權
駐鄉里永嘉元年逆賊汲桑破鄴都之後遂肆其凶暴
東北其年九月五日奄見攻圍尠親率宦族臨危守節
義儁不回衆寡不敵七日城陷薨年六十二天子嗟悼
遣使者孔汏邢舅護喪二年七月十九日祔葬于皇考
墓側神道之右大子定小子邁致命所在庶子恭嗣刊
石紀終俾示来世
兩側

夫人廣平臨水劉氏字阿容父字世頴晉故步兵校尉
關內矦
夫人瑯琊陽都諸葛氏字男姉父字長茂晉故廷尉卿
平陽鄉矦
右側
長子定字庶公年廿八本國功曺察孝州辟秀才不行
小子邁字庶昆年廿三本國功曺再察孝不行本州三
辟部濟南從事主簿
女字令脩適黃門侍郎江安矦頴川陳世範
晉故尚書征虜將軍幽州刺史城陽簡侯樂陵縣厭

次都鄉清明里石尠字處約侍中太尉昌安元公第二子也案晉書石鑒傳鑒樂陵厭次人封昌安縣侯元康初爲太尉尋薨謚曰元子陋字處賤襲封尠爲鑒之二子殆是陋弟陋與尠字義均非美善故一字處賤一字處約尠爲尠之省體說文本作尟廣韻始有尠云俗尟字懷帝紀永嘉元年五月汲桑聚衆反敗魏郡太守馮嵩遂陷鄴城下文云又殺前幽州刺史於樂陵碑云永嘉元年逆汲桑破鄴都之後遂肆其凶暴東北其年九月五日奄見攻圍尠親率邑族臨危守節義舊不回衆寡不敵七日城陷薨是尠之

死在九月而本紀因汲桑陷鄴城牽連繫於五月此當據碑以訂正之碑敘尠歷官大中大夫關中侯南陽王文學太子洗馬尚書三公侍郎情斷太獄三十餘條南陽王友廷尉正中書侍郎值楊駿作逆詔引尠式乾殿在事正色使誅伐不灠（濫之別體）拜大將軍秦王長史進爵城陽鄉侯補尚書吏部郎遷滎陽太守御史丞大中正侍中出爲大司農趙王簒位左遷員外散騎常侍三王舉義惠皇帝反正拜廷尉卿除征虜將軍幽州刺史城都（城爲成之譌文）王陽遣滎陽太守和演代尠召爲河南尹自表權駐鄉里又云天子嗟悼

遣使者孔泆邢霸護喪二年七月十九日祔葬於皇考墓側神道之右太子定少子邁致命所在庶子恭嗣云云尠爲侍郎能斷大獄於誅楊駿時正色立朝引疾囘里復能禦賊死節二子同時致命忠孝萃於一門唐臣修史僅於本紀一見其名而石鑒傳中不爲表彰其事後人竟不知尠爲鑒子此史臣之疏抑亦經懷愍之亂西晉舊史闕略良多也碑又云夫人瑯邪陽都諸葛氏字男姊父字長茂晉故衛尉卿平陽鄉侯棻后妃傳晉武帝諸葛夫人父沖字茂長廷尉卿碑作字長茂足訂傳作茂長之倒誤傳不言封

平陽鄉侯史文省略尠之夫人蓋與武帝夫人諸葛
爲姊妹行此碣近於洛陽出土鼎梅吾兄以余方注
晉書亟覓初拓本見示觀碣文云天子遣孔㳄邢霸
護喪祔葬皇考墓側石鑒蒐於位卽葬洛中尠死節
後遺官護喪自樂陵至洛得以祔葬也吴士鑑跋

晉處士石定墓碣

石高一尺二寸九分廣六寸五分

處士樂陵厭次都鄉清明里石定字庶公大尉昌安元
公之第三孫尚書城陽鄉侯之適子也秉心守正志節
清遠有才幹膽斷本郡功曹察孝州辟皆不就舉秀才

不行侍父鄉里永嘉五年逆賊汲桑破鄴都之後遂肆凶暴鼓行東北其年九月五日攻圍侯侯親率邑旅臨危奮討衆寡不敵七日城陷侯薨定與弟邁致命左右年廿八年志不遂嗚呼哀哉凡我邦族莫不咤慟二年七月十九日祔葬于侯墓之右次刊石紀終俾示來世

妻沛國劉氏字貴華父字終嘏晉故大常卿

此石定墓碣與石勘一碣同在偃師出土

晉祀后土碑

石高一尺五寸廣一尺八寸

昔勾龍[illegible]平九土祀以爲社列仙氏能爲春祈秋山呆

備於萬嵜聲垂亏雖篙且宇於是社正朱闌祇奉神祇
訓荅三老僉百靈靡□聖□□□履屁思慎□憑芒
芝大古悠悠□□臥儁哲經　緜靈　照幽□□□
顥頁庶族翼夊四□峩峩崇基仰□□□□煙□□
亏卽□陽雀斡翼陰□□□□㲋告□□□世煌煌
祠平蔓□□□□□耳□□祚與晉降神其□□
當村里社□□□□處泳□之□天下之至靈□卄
合德日日齊明□女風靡草傾心□断金志合意幷□
欝流水淨淨鳳皇來儀朱鳥嚶嚶□洽永安且寍

碑陰

遺字子

此處有畫象

社老化郡趙

秋字承伯

此處有畫象

社老京兆唐

昊字巨伯

社正涪陵朱

闓字玄方

此處有畫象

社掾鉅鹿李

忠字信伯

此處有畫象

社史陳郡陳

脩字文烈

此處有畫象　此處有畫象

社掾河內王　社史趙图范

鈞字孝叙　肇字弘基

此處有畫象　此處有畫象

下截題名

社民干人督都鄉ノ　下缺

社民殿中校尉關中

社民騎部曲將關內

社民騎部曲將闕中

社民漏將軍勃海孫

社民漏將軍河間龐秊

社民大醫校尉廣平馮

社民大醫校尉京兆劉

社民歸義矦大原王洪

社民大中大夫潁川鄭

社民大中大夫弘農淯脩

社民大中大夫勃海王彪

社民騎部曲將河南禇劭

社民騎部曲將大原玄蘭
社民騎部曲將高陽齊午字
社民騎部曲將常山張龍字
社民騎部曲將鉅鹿韓囧字
社民騎部曲將勃海涂遵字禾
社民武猛校尉長樂馬休字元
社民騎都尉常山高舊字長南
社民散將化郡茱生字玄哉
社民散將廣平裴恭字元茂
社民陳郡陳慈字文威

社民河內毛寄字仲伯

晉后土祠碑乙丑年洛陽出土字多殘泐文中無年月因有與晉降神語且書體已由隸書入正書故定爲晉代所立碑陰石甚完好首行已泐人名旁皆有畫象自社老至社史凡八人其下一列則社民之姓氏官籍俱載之凡廿八人

晉鬱林太守趙府君神道

石高一尺一寸八分廣一尺二寸

晉故振威將

軍鬱林大守

關内矦河内
趙府君墓道
第二石高廣相同
晉故振威將
軍虨林大守
關内矦河内
趙府君塋道

晉趙府君石闕其二石文字相同宣統元年在河南輝縣出土書法結體雄厚其波發已近正書爲隸書變正書之漸頗與爨寶子碑相近當是同時

之物

晉沛國相張朗碑

石高連額一尺四寸六分

額晉故沛國相張君之碑共九字

君諱朗字元明沛國相人也六國縱橫氏族殊流其先張老爲晉大夫納覲趙武而反其後肇自春秋爰迄周末弈世相韓顯名戰國逮于子房黃父撰書高祖龍飛實賴良謨載籍嘉焉君其後也君體質沖素芳絜淵渟儉以自居閨內有政澹墨靜施著不已名是以其黨莫識厥誠撫育十子家教循明示導出處三經有成咸佩

鉳艾重疊金紫榮命使苻榮顯族氏父訓致也煢煢孤
子聞乎舊史祖功宗德臣子所紀昔我慈孝淸覩遠舉
甘於退處榮不已暴居盈弗溢華繁是志基兆肇今宗
蒙蔭祜宜享永祠世傳胤祖可謂英枝布葉有則百之
祀暉揚先烈没而不朽者已春秋六十有七永康元年
三月丙戌顧念未遂奄忽徂卒母氏内化盡中饋之禮
溫慈柔惠有三母風年五十有六元康八年十二月戊
申寢疾不興旻天不弔奪我考妣出入屏營靡怙靡恃
以父終之年十一月壬申神遷后土合葬斯宇令終有
淑遺教顯融孤弱號靈遷潛逝聲壽永宣其辭曰

碑陰

穆穆考妣遐邇其賢保德

含和受茲自乾率禮不越

外肅內閑可移於官以為

民先宜享億齡嵩嶽等丰

哀命不遂早世殞顛痛慕

罔極嗥訴昊天

晉張朗碑甲子年河南偃師出土旋為土人祕藏

拓本不易得此為初出土時所拓石後售與日本

大倉氏聞已燬於地震之災矣

晉朱曼妻薛買地券

石高一尺一寸廣六寸

晉咸康三年二月壬子朔三日乙卯吳
故舍人立節都尉晉陵丹徒朱曼故妻
薛從天買地從天買宅東極甲乙南極
丙丁西極庚辛北極壬癸中極戊己上
極天下極泉直錢二百萬即日交畢有
誌薛地當詢天帝有誌薛宅當詢土伯
任知者東王公西王母如天帝律令

右晉朱曼妻薛墓買地券文券石新出於平陽縣南

鄉鯨頭村石埒下山麓上歲之末陳生錫琛搨以示余余時方病目藏之篋中今檢視文凡八行行十有四字末一行七字通百有五字各界以格字體參用篆隸閒雜古文陳生一一釋定惟西王下母上一字仍其空缺戊字中加一畫疑不能明余細審缺格右畔上有半丁當是聖之賸形聖古體作𦔻見群尙功歷代鐘鼎彝器款識周師佹敦銘此聖字亦省王作耶故下半無賸畫也聖母見漢武帝內傳爲道家尊崇西王母託之武帝告上元夫人之辭西王母神迹據漢書所紀實至哀帝時始顯此傳及漢武故事並

移屬武帝武帝所祠所候諸神具於郊祀志無西王母二書皆影附張華博物志史補篇摭述故事首尾兼用此傳其作俱在晉前聖號必漢末三國閒人所奉至晉乃盛行葛洪神仙傳有東陵聖母其神迹有青鳥青鳥從西王母之事衍出聖母之目知亦卽由之衍出矣此劵出自巫祝沿用俗名不足爲異東王公不稱聖者民閒無其祠道家亦不爲撰傳俗號所不及故不加綴也吳越春秋句踐陰謀外傳同山海經作西王母與東皇公儷合洪造隸續漢騶氏二鏡銘亦然所具爲古名於此例有别太平廣記卷五十

六引晉以後人所撰武帝內傳續篇從彼時俗號作西靈王母西下王母上別加靈字則異而同矣聖字有內傳正文可據丨之缺畫當補作聖無疑戊字加一例爲增變與卯字有王互反古人作書有疏密相間之法疏者補密密者減疏固有增省二體說文鼎部解云古文以貝爲鼎籀文以鼎爲貝古文以貝爲鼎卽省𠦪從簡籀文以鼎爲貝則增𠦪就繁也戊字增成戊形所以使適於密吳太僕說文古籀補戊篆下據搨本周頌敦銘收成字其形加丨如成與此一例王氏昶金石萃編列瓦當文歲字多作嵗則又省

戌如戊爲減密以適疏矣疏與密形無一定故增與省例不專一聖省而戊增兩例正互備極下王字亦有加丶畢字據玉篇俾密切之音爲畢省文是又不獨兩字爲然也券文雖雜分體實皆本之漢魏吳篆體諸碑其遠者竟出自商周古銘並非隸變正文不盡可見偏旁猶存刻手粗疏間有槧失舍字妻字及乇下當字詣字俱缺脫斷裂不完節字誤左个爲八叚字破火爲八兩晉字直字交字令字皆缺丨本文結構均不其然節字右个與吳天發神讖碑等字上竹相類左形必無差異下即加丶見交上郎字此丶

亦不能移混於上㕧字作敃即說文本篆正體省二爲一猶古文示字省二爲一直字作道上體從彳爲十古文封比干墓銅盤銘㽞字三十並如此作蔑敷鬲銘德字亦從之作徳今本復譌爲大當以此券參互訂正合校衆文戌與王俱有所受可知陳生懸以待定書此以報之光緒辛丑清明日錢塘吳承志案末行毋上一格石缺因空據他券不應有聖字

余旣補定此券缺字疑字張生復以朱曼仕吳於史書無考叩求其佚余以所繫之銜推之朱曼蓋孫休太子䨴之舍人朱夫人之戚屬朱據之孫朱熊或朱

損之子朱宣之弟也舍人爲更直太子宿衛之官屬太子少傅續漢書百官志太子官屬總目注云凡初卽位太子未立官屬皆罷唯舍人不省領屬少府舍人之職有時改直其官名亦以時改異屬太子少傅爲太子舍人不屬太子少傅卽省稱舍人漢書佞幸傳董賢爲太子舍人哀帝卽位隨太子官爲郎二歲賢傳漏在殿下哀帝望見說其儀貌識而問之曰此舍人董賢邪上有太子下綴省名明備以析此文止作舍人與傳後文同爲改屬少府時之官無疑三國志吳書三嗣主傳孫休永安五年秋七月戊子立子

𩅦爲太子七年秋七月癸未休薨孫皓元興元年十月封休太子𩅦爲豫章王建衡元年春正月立子瑾爲太子天紀四年三月皓降晉舉家西遷賜號爲歸命侯太子瑾拜中郎永安五年七月至元興十月建衡正月至天紀末俱有太子永安以前去晉咸康四年歲數差遠非曼年齒所及建衡以後業已失官準合二者除授似當在元興十月以後甘露寶鼎數年之間而曼銜又署立節都尉都尉領兵不屬少府立節又爲別部之雜號見陸抗傳並非禁軍舍人改同郎官不得相兼吳制太子有部兵其官有都尉吳主

五子傳孫登立爲皇太子以諸葛恪爲左輔張休爲右弼顧譚爲輔正陳表爲翼正都尉左輔右弼輔正翼正四部他傳無所見或專爲太子登而設輔義有牧傳又有太子輔義都尉皆可爲證左輔右弼輔正據諸葛恪顧譚本傳及張昭傳並爲都尉名號鍾離校尉見劉繇傳有中郎將見張溫傳校尉之除遠在漢建安末孫權爲驃騎將軍之時其部自別爲一軍中郎將雖除諸葛恪等拜四都尉以後而假以使蜀又部其衆董督豫章三郡時猶未隸東宮至赤烏中立太子和始移以入衞太子屬部固有隨時調付者

立節例得從同又諸葛恪等拜四都尉俱由中庶子轉授舍人兼領亦其倫比以此推校曼人官必尙在元興以前霍初立爲太子之時其初除實太子舍人至霍廢乃改銜耳舍人職如羽林郎以良家子弟爲之其先更無別除兼領都尉則如晉書職官志所云奉朝請之行參軍舍人於諸舍人班制有異都尉主軍事罷直以後所部當移屬統領京屯諸督舍人虛領舊名本可不兼以改隸不得改官舍是無別資故仍帶故職也舍人視中庶子秩差三等中庶子轉都尉已是超除舍人兼之更爲殊特鍾離牧補都尉本

官爲郎中於舍人差近牧以清望曼無所著聞非勳
舊子孫必嬪戚之族覃母后爲朱據女見妃嬪傳朱
據本傳云二子熊損孫亮時各復領兵爲全公主所
譖皆死永安中追錄前功以熊子宣襲爵雲陽侯尚
公主永安中郎立皇后朱氏三歲宣以后之長姪得
襲封尚主其次必亦得官后族之貴盛者支庶多拜
侍郎騎都尉曼齒少遣侍太子加領所部軍職與侍
郎騎都尉事體相類曼爲后諸姪熊次子或損長子
甚明傳不具宣弟文有詳略猶全琮傳其子懌及兄
子禕儀靜等官懌兄之名與弟名見於裴松之之注

所引舊吳書者皆略也宜爲將累遷至驃騎將軍其失官亦與曼同俱在吳亡以前傳下文云孫皓時宜至驃騎將軍孫皓時謂初即位之歲吳主五子傳云孫霸和同母弟霸爲魯王圖危太子太子以敗霸亦賜死二子基壹五鳳中封爲吳侯宛陵侯孫皓即位追和霸舊隙削基壹爵土俱徙會稽烏傷縣基壹於是歲以霸舊隙見黜宜必於是歲以據擁護太子之舊勞見擢之嗣主傳云元興元年八月以張布爲驃騎將軍十一月誅布驃騎初拜張布布誅宜即屬宜宗室傳又云孫韶子楷爲京下督天璽元年徵爲宮

下鎭驃騎將軍天璽時驃騎已改除宣必先已罷退其事傳亦從略妃嬪傳言孫休卒羣臣尊朱夫人爲皇太后孫皓即位月餘貶爲景皇后甘露元年七月見逼薨三嗣主傳云皓逼殺景后又送休四子於吳小城尋復追殺大者二人后以霍嫌被皓逼以死霍及仲弟俱見殺羣弟放逐宣爲后族事所必誅驃騎典握兵權地居逼近勢不能以據之舊德泯皓猜疑則奪職當在是時並不及天璽矣曼官失在建衡以前亦坐黨霍之譴曼爲宣弟確無以易據籍爲吳郡吳縣此作晉陵丹徒與本傳不同者晉陵晉所置郡

丹徒舊本屬吳嘉禾三年改爲武進其城僻在京口東南疑即三嗣主傳之吳少城曼失官後隨霍二少弟以居不復還吳故殊籍也丹徒故城至晉太興初已廢酈道元水經沔水篇注云丹徒縣者二百步有故城本毗陵郡治舊去江三里岸稍毀遂至城下注之故城即吳武進晉復改爲丹徒移郡治之宋書州郡志云太康二年立毗陵郡治丹徒後復還毗陵永嘉五年改爲晉陵始自毗陵徙治丹徒太興初郡及丹徒悉治京口郗鑒復徙還丹徒太興初丹徒隨郡移徙即江水溢至城下之新城爲郗鑒城京口時所

築在今丹徒鎮地故城差距至二百步北即江岸其
小可知矣晉陵丹徒皆具晉名曼入晉必注籍於彼
客居橫陽當在太興以後以避王敦蘇峻之亂而遠
遷抑其子孫有官於斯者因而流寓不能質言要之
丹徒本非曼之祖居無首邱之義可附自得任從所
便永安五年至咸康四年歷歲七十有七曼時已篤
老吳時勳貴奮起多在少年淩統拜別部司馬行破
賊都尉年止十五是爲最少曼官舍人都尉以統年
例之加合上數爲九十有一校士燮增長一歲其卒
又在後可謂壽考故妻既不反葬曼墓度亦必在此

縣志乘寓賢固當增入陳生刻意求佚余所蒐佚文惟此重錄爲篇以補前遺續志無別舍人史記齊悼惠王世家樊噲傳寬袁盎田叔諸傳所云齊相舍人沛公舍人將軍舍人皆親近左右之通稱非官號不能入銜晉以後續置之舍人吳時所未有考實此官曼事已著本根所佚俱枝末云錢唐吳承志

前燕武容造象記

象並座高七八寸記刻於座正書

雀燕元年甲申四月癸丑朔佛弟子武容爲巨兄又罷造像兩巨

是刻首書年號上一字未全泐似作佳下一字漫不可辨案自漢以後歷代元年值甲申歲者如魏之咸熙吳之元興張駿之太元後魏之正始唐之嗣聖文明光宅宋之雍熙皆與此刻字跡不類惟後燕慕容垂自稱燕元元年爲甲申歲此刻第二字似卽燕字疑上一字亦如石鼓及鐘鼎文維皆作佳之例用作古文維字而元下或有重文云佳燕元元年甲申也又或本無重文則逕作佳燕元年亦通蓋是時垂在軍中事出倉卒雖有年號民間或未知故第舉其國號曰燕元年也造象盛於

元魏以前則惟劉曜時之浮圖澄造象碑爲最早而久已不存此刻當晉孝武帝時蓋其最古者矣亡下一字不可辨又下乃羅字泐存上截耳巨郎區字顏師古謂古語巨區二字音不別韻會曲禮不諱嫌名謂字與禹巨與區巨之與區今讀則異然尋古語其聲亦同陸士衡詩普厥巨宇郎區宇也故馳驅之驅後世多作駈玉篇駈同驅可證記云兩區今石止一象蓋已亡其一矣

宋劉懷民墓誌

石高一尺四寸強寬一尺七寸十六行行十四字

字徑八分正書

宋故建威將軍齊北海二郡太守笠鄉侯東陽城主劉

府君墓誌銘

茗茗玄緒灼灼飛英分光漢室端系宋遟曾是天從凝

睿窮靈高沉兩剋方圓雙清眩紫皇極剖金連城野獸

朝浮家犬夕盜淮棠不翦灑鴞改聲履淵違徵潛照長

冥鄭琴再寢吳涕重零銘慟幽石丹淚濡纓君諱懷民

清州平原郡平原縣都鄉　口遷里春秋五十三大明

七年十月乙未薨粵八年正月甲申窆於華山之陽朝

夫人長樂潘氏父詢字士彥給事中君所經位詁口徭

知□□州別駕勃海清河太守除散騎侍郎□□□□□□太守

此志稱笠鄉侯案宋書州郡志無笠鄉縣當是鄉侯非縣侯其地今不可考又云爲東陽城主晉書地理志慕容超爲劉裕所滅留長史羊穆之爲青州刺史築東陽城居之水經注以在陽水之陽即謂之東陽城通典即郡治東城也宋書州郡志義熙五年平廣固北青州刺史治東陽城孝武孝建二年移治歷城大明八年還治東陽懷民卒於大明七年是尚在青州刺史未還治之前故稱東陽城主也野獸朝淨是用宋均猛虎渡江事鄭琴吳

涕未知所出元微之詩鄒律寒氣變鄭琴祥景奔是鄭琴古有是語今未能實其人葬於華山之陽朝此華山卽華不注山元和郡縣志華不注山一名華山在歷城縣東北十五里懷民曾爲齊郡太守卒葬歷城亦情事所有惟陽下係朝字亦未聞也楊守敬壬癸金石跋

此誌藏溴陽端尙書許南朝誌石傳世者僅此文字雙絶爲宇內誌石之冠懷民子善明南齊書有傳稱父懷民宋世爲齊北海二郡太守所書職官與誌正合劉氏在齊有佐命之勳善明族兄乘民懷珍乘民之子懷慰當時並爲顯官乘民見善明懷慰傳中懷慰懷珍並有傳諸傳

稱其籍里並作平原平原人誌作平源乃別體非譌也懷珍傳云是漢膠東康王寄之後與誌所謂分光漢室語亦合此誌宜都楊君惺吾有跋尾考誌中之華山乃華不注山其說甚碻惟向未知懷民子善明有傳在南齊書爰書之舊藏本之後以補楊氏所未及羅振玉跋

鄭琴吳涕楊跋未詳案列子瓠巴鼓琴鳥舞魚躍鄭師文聞之從師襄三年不成無幾見師襄曰文得之矣於是當春而扣商絃以召南呂涼風總至草木成實秋而扣角濫風徐迴草木發榮夏而扣

羽霜雪交下川池暴涸冬而扣徵陽光熾烈堅仌立散將終而總四絃景風鶬慶雲浮甘露降醴泉湧吳志淩統病卒時年二十九權聞之拊牀而起哀不能自止數日減膳言及流涕使張承作爲銘誄此兩事竝在劉宋已前或卽銘詞所本歟元徵之詩鄭琴祥景奔卽用師文致景風慶雲事　顧亭林金石文字記墓之有誌始自南朝南齊書云宋元嘉中顏延之作王球石誌素族無碑策故以紀德自爾已來王公已下咸共遵用劉懷民誌作於大明七年適承元嘉之後此誌銘文字導源之

時代也

希古樓金石萃編卷十

金石之學昉於漢魏至宋代歐趙洪劉始有成書
國朝學術昌明乾嘉學者尤致力於此學爲證經攷史之羽翼其學日趨於精邃靑浦王蘭泉侍郎金石萃編出金石學始集其大成其後吳荷屋瞿木夫陸紹聞各有續補蔚爲巨編惟攷古之事後起者勝豐歧芒雒之野荒原高冢地不愛寶古器斷碑時有發見前人未見著錄之品今皆手拓其文字列几審釋洵承學者之快事也顧古器古石出土後市儈惟知射利往往輸入市舶求售海外數年之後求一墨本而不可得好古者徒深扼腕而已余先後搜獲拓本頗多懼其久而散失因

收輯萃爲一編凡已見前人甄輯者悉屛勿錄石文則以晉宋爲斷共得十卷名曰希古樓金石萃編前人輯補萃編卷帙均富余此編僅得諸家十分之一誠不免輕塵足岳之誚然編中如漢魏石經及晉代諸石刻皆前輩所欲見不可得者丁此時會得加甄錄良非偶然然吉金貞石日出不窮奇文逸字在斯編之外而未及甄錄者何限後之學者補其缺漏訂其譌失是又私衷所深企者耳癸酉冬十二月吳興劉承幹記